Polyglott-Reiseführer

Niederlande

Egon Boesten

Polyglott-Verlag München

Allgemeines

Städtebeschreibungen

Routen

Routen

Amsterdam

Amsterdam

Amsterdam

Amsterdam

Amsterdam

Amsterdam

Routen

Route 8

Industrie, Polder und „gezelligkeit" S. 71

Abgesehen vom Nordseebad Scheveningen oder dem gemütlichen Gouda dürfte die Provinz Zuid-Holland bestimmt nicht die Liebe auf den ersten Blick sein.

Route 9

Für alle Zeiten dem Meer entrissen S. 74

Strände gibt es bis zu einer Länge von 70 km in Zeeland. Dörfer schmücken sich mit riesigen Kirchen, Städte mit prunkvollen Rathäusern.

Route 10

...und immer wieder ein bißchen van Gogh S. 80

In der Nachbarschaft hektischer Industriestädte überrascht Noord-Brabant mit dem einzigen Süßwasserdelta Europas.

Route 11

In den Bergen S. 84

Der Blick auf die Karte verrät, daß neben der Farbe Grün in der Provinz Limburg vor allem das kräftige Blau für Wasser dominiert.

Fremde Kulturen kennenlernen und gastfreundlichen Menschen begegnen – wie sehr genießen wir das auf Reisen. Zu Hause bei uns jedoch wird mancher Ausländer von einer kleinen Minderheit beschimpft, bedroht und sogar mißhandelt. Alle, die in fremden Ländern Gastrecht genossen haben, tragen hier besondere Verantwortung. Deshalb: Lassen Sie es nicht zu, daß Ausländer diffamiert und angegriffen werden. Lassen Sie uns gemeinsam für die Würde des Menschen einstehen.

Verlagsleitung und Mitarbeiter des Polyglott-Verlages

Editorial

Wenn's nicht darum geht, zu relativieren, mit einerseits und andererseits zu jonglieren, dann habe ich ein sehr eindeutiges Verhältnis zu diesem Land: „Ik hou van Nederland". Ich mag die Niederlande, weil sie so klein sind, daß auf den Weltkarten ihr Name in die Nordsee geschrieben werden muß. Weil 15 Millionen Menschen alljährlich ab Oktober geradezu danach lechzen, eine hohe Heizkostenabrechnung für den bevorstehenden Winter zu bekommen, denn das ist die Garantie dafür, daß die Kanäle und Grachten zufrieren und der Schlittschuhmarathon Elfstedentocht stattfindet.

Wo dürfen Sozialdemokraten, Grüne und Sozialisten royalistisch sein oder müssen es sogar manchmal sein? Meine Sympathie gehört den vielen, die an irgendwen und irgend etwas glauben und dennoch keine Kirche betreten.

Ich habe ein Faible für Menschen, die Gewinnern mit Skepsis begegnen und dem Verlierer Achtung zollen, die ihre eigene Auffassung haben und bei konträren Diskussionen dem Gesprächspartner zumindest die ungeteilte Aufmerksamkeit schenken.

Ich liebe die Ente Kwak von Herman van Veen, weil sie eine Lichtgestalt im Zeichentrick-Dschungel dieser Tage ist, und bin begeistert, wenn Diplomaten wie in Den Haag mit dem Fahrrad zum Dienst radeln und ihr Frühstücksbrot im bekannten schwarzen, flachen Koffer transportieren. Sollte aber jemand in meinem Beisein tatsächlich alle Errungenschaften des Landes wie die Drogenpolitik, Beatrix und Willem-Alexander oder die Deutschland-Politik in Frage stellen, würde ich gern PR-Manager in Sachen Oranje. Allerdings: Würde jemand alles gut finden, wäre ich verdammt eifersüchtig …

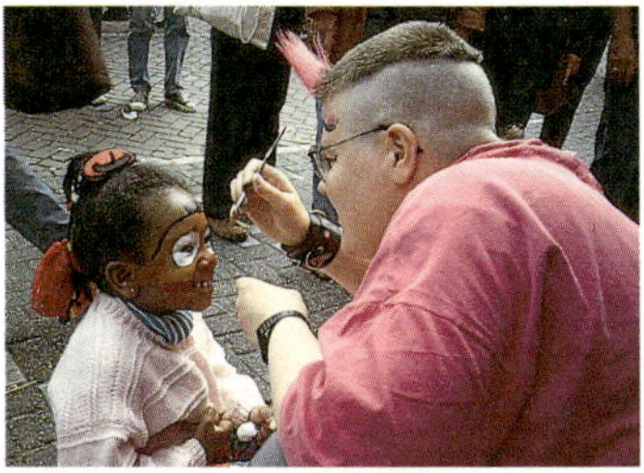

Wohnboote innerhalb des inneren Grachtenrings in Amsterdam. Liegeplätze sind heiß umkämpft.

Der Autor

Egon Boesten lebt mit niederländischem Paß im Alten Land bei Hamburg und arbeitet als Redakteur bei den „Elmshorner Nachrichten". Im Laufe der Zeit hat er mehrere Reportagen und Reisebücher über seine Heimat geschrieben.

Schwierige Nachbarschaft

Der Schriftsteller Harry Mulisch beschreibt das Verhältnis zwischen den Nachbarn so wie eines zwischen Menschen, die im gleichen Haus wohnen, sich im Fahrstuhl treffen, aber in die Ecke gucken und hoffen, daß sie bald aussteigen dürfen. Losgelöst von jeder historischen Entwicklung, existiert in den Niederlanden besonders seit dem Zweiten Weltkrieg ein Deutschlandbild, das auf den persönlichen Erfahrungen basiert, die viele Niederländer während dieses Krieges machen mußten, und das von Generation zu Generation weitgehend unreflektiert weitergegeben wird. „Gestützt wird die These der nationalen Blindheit", so der Historiker Herman van der Dunk, „sowohl bei der Jugend als auch bei den Intellektuellen durch die Medien".

Land unter Normalnull

In der Schöpfungsgeschichte war das Königreich der Niederlande nicht vorgesehen, denn mehr als die Hälfte des Landes, das in seiner jetzigen Ausdehnung noch keine 60 Jahre besteht, liegt unterhalb des Meeresspiegels und wird durch Deiche auf einer Gesamtlänge von rund 2000 km geschützt. Zusätzlich sorgen zwanzigtausend Pumpstationen dafür, daß niemand nasse Füße bekommt. Hinzu kommen noch schützende Dünenketten. Sie entstanden aus dem natürlichen Zusammenwirken von Wind und Wasser vor etwa 1000 Jahren. Die unterschiedlich breiten Wälle können bis zu 30 m hoch und mehrere Kilometer lang sein und werden dort, wo sie besonders schmal sind, mit tief wurzelnden Pflanzen gefestigt.

Mehr als 20 große dokumentierte Überschwemmungen haben allein in diesem Jahrtausend dem Land zugesetzt, das erst mit der Erfindung der Windmühlen für immer dem Meer abgerungen werden konnte. Und dennoch könnte in absehbarer Zeit bei zunehmender Erderwärmung die Zukunft trübe aussehen: „Sintflut II" heißt hier die Variante einer Klimakatastrophe. Der Anstieg des Meeresspiegels im Zeitlupentempo läßt bei Wissenschaftlern Befürchtungen wachsen, daß küstennahe Städte wie Middelburg, Haarlem oder Leiden von der Landkarte verschwinden könnten, würde der Mensch nicht eingreifen. Durch Einpolderung und Verkürzung der Deichlinien vergrößerte sich die Landmasse ab dem 15. Jh. kontinuierlich auf heute 41 861 km^2, womit die Niederlande sogar um rund 600 km^2 größer sind als die Schweiz.

Alles in allem sind die Niederlande ein landwirtschaftlich genutztes grünes Land. Eine Ausnahme bildet das Ballungszentrum, die sog. *Randstad,* die sich zwischen Rotterdam und Utrecht erstreckt, Amsterdam und Den Haag einschließt und zu großen Teilen dekkungsgleich mit den Provinzen Utrecht, Zuid- und Noord-Holland ist. Diese beiden wohlhabenden Provinzen bilden den historischen Kern des Landes, ein Grund, weshalb immer wieder dieser Begriff fälschlicherweise für das ganze Land benutzt wird.

Vor der Küste im ** Wattenmeer liegen die fünf niederländischen Nordseeinseln: Texel, Vlieland, Ameland, Terschelling und Schiermonnikoog. Hinzu kommen die unbewohnten Inseln Rottummeroog und Rottummerplaat.

Klima und Reisezeit

Gemäßigtes Seeklima bedeutet angenehme Sommer und ausgeglichene Winter. Das Klima wird vom Meer und nicht zuletzt vom mäßigenden Golfstrom bestimmt. Die geringe Ausdehnung des Landes hält natürlich regionale Klimaunterschiede in Grenzen, läßt aber gewisse Temperaturschwankungen erkennen. So scheint z.B. die

Sonne in Zeeland und Limburg häufiger als im Rest der Niederlande. Auch auf den Inseln im Watt sowie an der Nordseeküste gibt es mehr Sonnenstunden als auf dem übrigen Festland. An den warmen Sommerwochenenden sind die stadtnahen Strände wie Zaandvoort oder Scheveningen total überlaufen. Die Kurzzeiturlauber kommen nicht nur aus der nahen Randstad, sondern auch aus dem Ruhrgebiet.

Natur und Umwelt

In den Niederlanden gibt es eine starke Umweltlobby, Problem Nummer eins ist die totale Effizienz der Landwirtschaft mit allen negativen Aspekten. Kein anderes Volk hat sich die Erde so untertan gemacht wie die Niederländer. Langsam beginnt ein Umdenken bei den Landwirten, das nicht zuletzt durch das veränderte Verhalten des Verbrauchers ausgelöst wird. So entscheiden sich immer mehr Bauern für den Weg des „Landschaftsgärtners", was nicht unbedingt ein Zurück zum Vorgestern bedeuten muß. Obwohl die Niederlande zu den am dichtesten besiedelten Gebieten Europas gehören, gibt es immer noch ausgedehnte fast menschenleere Gebiete: Dazu zählen z.B. Groningen, Achterhoek und Overijssel. Dort kann man ausgedehnte Wanderungen oder Radtouren in die Nationalparks *Biesbosch* oder *De Hoge Veluwe* unternehmen. Zu nennen sind in diesem Zusammenhang ebenfalls das Wattenmeer und die Seenplatten mit ihren Vogelschutzgebieten.

Die letzte Urlandschaft Europas, das Wattenmeer, erstreckt sich zwischen dem Festland und den West- und Ostfriesischen Inseln. Das Gebiet, ein rund sieben bis 20 km breiter und bis zu 450 km langer Streifen, von Texel bis nach Sylt, ist eine amphibische Welt voller Leben, ein Paradies für Wasservögel und die Kinderstube der Nordseefische.

Allein im niederländischen Wattenmeer leben mehr als eine halbe Million

Sturmflutwehr in Kimpen.

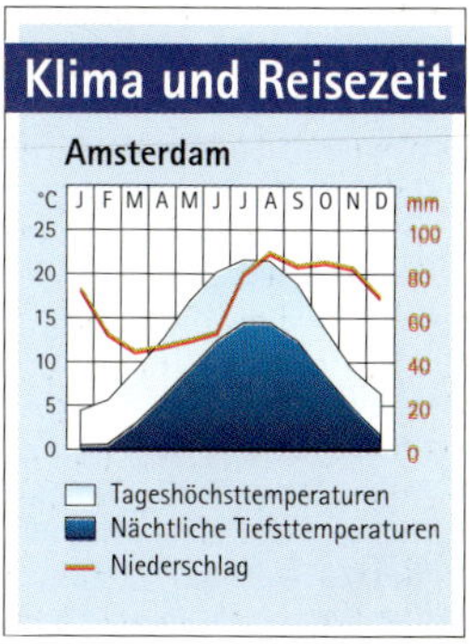

Vögel, im Herbst steigt ihre Zahl auf schätzungsweise vier Millionen an. Auf den Sandbänken vor Ameland und Schiermonnikoog tummeln sich nicht nur junge Seehunde, dort liegt auch das größte mitteleuropäische Brutgebiet der Brandseeschwalbe, ferner können Löffler, Reiher, Eiderenten, Austernfischer, Gänse aller Art und die winzigen Alpenstrandläufer beobachtet werden.

Mit zunehmender Verschmutzung der Gewässer durch Industrie und Landwirtschaft wird bekanntlich das Gleichgewicht des Wattenmeeres empfindlich gestört. Bis zum heutigen Tag kämpfen seit Jahren verantwortungsvolle Politiker und Umweltschützer vergeblich gegen die Erhöhung der Förderquoten von Öl und Erdgas im friesischen Wattenmeer.

Die Umweltorganisationen haben der Massentierhaltung ebenso den Kampf angesagt wie dem flächendeckenden Anbau von Tomaten und Gurken unter schützenden Glasdächern. 1994 wurde von ihnen zum Kaufboykott von Gladiolen, Iris, Lilien, Hyazinthen, Rosen, Narzissen oder Tulpen aufgerufen. Schließlich werden in diesem Land bis zu 125 kg Pestizide pro Hektar versprüht. Nachweislich liegt hier der Verbrauch von Pflanzenschutzmitteln um 30% höher als bei den Nachbarn. „Die Natur bereitet Sorgen", so das Landwirtschaftsministerium in einem weiteren Notruf: „Vogelarten und Schmetterlinge sterben aus, Brennesseln und Disteln breiten sich aus".

Bevölkerung und Religion

Mit 463 Einwohnern pro Quadratkilometer gehören die Niederlande zu den am dichtesten besiedelten Ländern Europas, weltweit nur von der Kronkolonie Hongkong überboten. 1994 wurden 15,3 Mio. Einw. gezählt – 9 Mio. mehr als um die Jahrhundertwende. Mehr als die Hälfte der Bevölkerung lebt in der *Randstad,* jenem schon erwähnten großstädtischen Raum zwischen Amsterdam, Rotterdam, Den Haag und Utrecht. Weniger dicht besiedelt sind Drenthe, Groningen, Friesland und Teile der Provinz Gelderland (Achterhoek). Neben den Niederländern wohnen noch rund 600000 Friesen im Land. Nach der Unabhängigkeit der ehemaligen Kolonie Surinam kamen allein rund 145000 Surinamer ins Land. Den ersten Zustrom von Ausländern mit niederländischem Paß gab es nach der Unabhängigkeit Indonesiens 1948 und 1949. Weitere Nationalitäten: Türken (212000), Marokkaner (165000), Deutsche (50000), Engländer (44000), Belgier (23000).

Etwa 25 Prozent der Bevölkerung bekennen sich zum katholischen Glauben, 18 Prozent gehören der Niederländisch-Reformierten Kirche und anderen kleineren Kirchengemeinden an. Von den Gläubigen besuchen 16 Prozent regelmäßig die Kirche, 57 Prozent aller Niederländer gehören keiner Religionsgemeinschaft mehr an, womit das Land das am stärksten säkularisierte der Erde ist. Eine Entwicklung, die noch längst nicht abgeschlossen ist.

Sprache

Amtssprache ist Niederländisch, es wird in Europa von 2 Mio. Menschen gesprochen, den 1 Mio. Niederländern und 6 Mio. Flamen (Flämisch). Friesisch ist in der Provinz Friesland als Minderheitensprache anerkannt und wird an den Schulen unterrichtet.

Wirtschaft

Entgegen der landläufigen Meinung ist nicht die Landwirtschaft der Wirtschaftsfaktor Nummer eins, sondern das Güter- und Dienstleistungsgewerbe, in denen 65 Prozent des Bruttosozialprodukts erwirtschaftet werden. Rotterdam, der größte Seehafen der Welt, ist die europäische Drehscheibe für den Warenstrom von und nach Fernost und Übersee. Hinzu kommt, daß multinationale Konzerne der Lebensmittel-,

Erdöl- und Elektroindustrie sowie internationale Chemieunternehmen ihre Niederlassungen in Rotterdam und Umgebung angesiedelt haben.

Landwirtschaft, Gartenbau und Fischerei sind der zweitwichtigste Faktor im Staatshaushalt. Mit Abstand halten die Niederlande den Weltrekord bei der Zucht und dem Export von jährlich zwei Milliarden Tulpenzwiebeln, die in 80 Länder exportiert werden. Hinzu kommt der Versand von 800 Mio. blühenden Tulpen. Als Hauptabnehmer dieser verderblichen, duftenden und farbenfrohen Ware liegen die Schweiz und Deutschland auf Platz eins und zwei. Deutschland ist außerdem der wichtigste Außenhandelspartner der Niederlande.

Tourismus

Jährlich werden im Tourismus ca. 35 Milliarden Gulden umgesetzt. Rund 260000 Arbeitsplätze, ebenso viele wie im Baugewerbe, hängen somit direkt vom Fremdenverkehr ab. Die meisten ausländischen Urlauber kommen aus Deutschland: 2,2 Mio., von denen jeder durchschnittlich vier Nächte bleibt.

Staat und Verwaltung

Seit 1848 wird das Land als konstitutionelle Monarchie regiert. Die politische Gewalt in den Niederlanden wird durch das Parlament, die *Staaten Generaal,* ausgeübt. Das Königreich umfaßt fünf Landesteile und zwölf Provinzen, hinzu kommen die überseeischen Gebiete, die Karibischen Inseln. Das Staatsoberhaupt ist seit 1986 die Königin Beatrix. Zu einem Medienspektakel wird alljährlich am dritten Dienstag im September die Eröffnung des Parlaments *(prinsjesdag)* durch die Königin.

Hauptstadt und Regierungssitz sind in diesem Land getrennt. Das erste ist Amsterdam; in Den Haag wird nicht nur nationale Politik gemacht; dort tagt der Internationale Gerichtshof.

Steckbrief

Fläche: 4 861 km²

Einwohner: 15,3 Mio.

Bevölkerungsdichte: 463 je km²

Nur 10 Prozent der Gesamtfläche sind unbewohnt.

Jeder vierte Einwohner ist jünger als 19 Jahre.

Nirdgendwo werden weltweit mehr Jeans getragen als in den Niederlanden: Statistisch gesehen besitzt jeder Einwohner vier von ihnen.

Die Repräsentationspflichten der Königin kosten dem niederländischen Steuerzahler jährlich umgerechnet 6,6 Mio. Mark.

Die Arbeitslosenquote liegt bei 7 %, die Inflation bei 2,1 %.

Rund 20000 Pumpen sorgen dafür, daß das Land trocken bleibt, in dem 15 Mio. Schweine, 2 Mio. Schafe und fast ebenso viele Kälber gemästet und neun Milliarden Eier produziert werden.

„Ackern für Deutschland" heißt der Slogan der niederländischen Agrarwirtschaft.

Geschichte im Überblick

Ab 50 v. Chr. – 400 n. Chr. Nach der Unterwerfung der germanischen Bataver durch Julius Cäsar verläuft die Nordgrenze des Römischen Reichs im Rheindelta.

845 Nach dem Tod Karls des Großen werden bei der Teilung des Frankenreichs die Gebiete südlich der Schelde Frankreich zugeschlagen, die eigentlichen Niederlande fallen an Lothringen.

925 Diese Gebiete werden Teil des „Heiligen Römischen Reichs Deutscher Nation".

1477 Durch das Ende des Herzogtums Burgund wird das Schicksal der Niederlande noch enger mit dem Auf und Ab der europäischen Dynastien verknüpft: sie werden Erblande von Habsburg, regiert von Statthaltern.

1519 Im Mittelalter bestehen die Niederlande aus einer Reihe selbständiger Territorien: den Herzogtümern Geldern und Brabant, den Grafschaften Holland und Zeeland sowie dem Bistum Utrecht. Unter Karl V. (1500 bis 1558) werden diese Gebiete unter dem Namen „Niedere Lande" mit dem heutigen Belgien und Luxemburg vereinigt; sie werden Teil des großen burgundisch-habsburgischen Reichs.

1556 Philipp II. von Spanien versucht, die Reformation in den Niederlanden systematisch zu bekämpfen.

1568–1648 Beginn des 80jährigen Freiheitskampfes. An die Spitze des Aufstandes stellt sich Prinz Willem von Oranien, der als „Vater des Vaterlandes" in der niederländischen Geschichte geehrt wird. In dem Kampf geht es einerseits um die Unabhängigkeit vom habsburgischen Spanien, andererseits um die Glaubensfreiheit. Im Westfälischen Frieden von 1648 wird dann endlich die Souveränität der Republik der Vereinigten Niederlande anerkannt.

17. Jh. In diesem Jahrhundert gründen niederländische Kaufleute Handelsniederlassungen in aller Welt.

1795 Die Niederlande werden ein Vasallenstaat Frankreichs.

1814 Nach Beendigung der französischen Besetzung wird das Königreich der Niederlande gegründet. Es besteht aus den heutigen Niederlanden, Belgien und Luxemburg.

1830 Belgien wird unabhängig. Die Niederlande erhalten ihre heutigen Grenzen.

1914–1918 Im Ersten Weltkrieg bleiben die Niederlande neutral.

1920 Beginn der Trockenlegung der Zuiderzee.

1940 Nach fünftägigem Kampf besetzen deutsche Truppen das Land. Die Königsfamilie geht ins Exil nach London.

1953 Am 1. Februar ereignet sich die nachweislich schwerste Überschwemmungskatastrophe.

1958 Gründung der Wirtschaftsunion Beneluxländer.

1986 Am 4. Oktober übergibt Königin Beatrix das Sturmflutwehr in der Oosterschelde seiner Bestimmung und erklärt damit den Delta Plan (s. S. 79) für abgeschlossen.

Flevoland wird zwölfte Provinz.

1993 Der Flughafen Schiphol bei Amsterdam wird zum viertgrößten in Europa ausgebaut.

1994 Bei den Parlamentswahlen im Mai verliert die große Regierungskoalition von Sozialdemokraten (PvdA) und Christlichen Demokraten (CDA) die absolute Mehrheit.

Das Königshaus

Das regierende Königshaus der Niederlande ist das Haus Oranien-Nassau, dessen Stammvater Prinz Willem von Oranien, Graf von Nassau (1533–1584), war. Heutiges Staatsoberhaupt ist Königin Beatrix, die im April 1980 die Nachfolge ihrer Mutter Juliana antrat. Längst vergessen sind jene Auseinandersetzungen, als die damalige Kronprinzessin 1966 den Diplomaten Claus von Amsberg heiratete und es in Amsterdam zu antideutschen Ausschreitungen kam. Ernsthafte parteipolitische Bemühungen, die konstitutionelle Monarchie durch eine parlamentarische zu ersetzen, gibt es nicht, ein Umstand, der nicht zuletzt dieser sympathischen und gebildeten Amtsinhaberin zu verdanken ist. Schließlich dürfte es der professionellen Art und der Ausstrahlung dieser Königin zu verdanken sein, daß neun von zehn Niederländern für die Monarchie eintreten.

Massenhinrichtung von Protestanten unter Philipp II.

Die Königin ist Mutter dreier Söhne. Der älteste, Prinz Willem-Alexander – geboren 1967 –, ist seit dem 30. April 1980 Kronprinz und trägt den Titel „Prinz von Oranien". Das Königshaus ist deutlich weniger skandalumwittert als beispielsweise das englische. Das mag mit am Stil der Oranier liegen, aber sicherlich auch an den Medien in diesem Land. Inklusive der Regenbogenpresse *(roddelpers)* sind sie längst nicht so aggressiv wie jenseits des Ärmelkanals.

Ab dem 1. 6. 1941 mußten die Juden den Stern tragen.

Das Königshaus ist eines der reichsten der Erde. Königin Beatrix ist ebenso wie ihre Mutter Juliana Milliardärin. Jährlich erhalten alle Mitglieder des Hauses eine Apanage in der Höhe der wahrhaft fürstlichen Summe von 45 Mio. Gulden. Die Königin erhielt davon 6,6 Mio. Gulden im Jahr 1994, Thronfolger Kronprinz Willem-Alexander 1,5 Mio. und sein Vater Prinz Claus nur 1,3 Mio.

Die Kirche Onze Lieve Vrouwe in Maastricht.

Kultur gestern und heute

Wird von niederländischer Kunst geredet, muß man sich immer vor Augen führen, daß die bedeutendsten Strömungen künstlerischen Schaffens sich vor dem Goldenen, dem 17. Jahrhundert, im südlichen Teil der damaligen Niederlande, dem heutigen Belgien, entwickelten. Baukunst, Bildhauerei und Malerei waren in erster Linie vom Auftraggeber Kirche abhängig. Zu den wenigen bedeutenden Beispielen romanischer Kunst auf dem Boden der heutigen Niederlande zählt der Reliquienschrein (um 1150) im Dom Sint Servaasbasiliek in Maastricht (s. S. 30). Der Dom selbst dürfte die älteste Kirche (6. Jh.) mit vermutlich karolingischer Westvorhalle (11. Jh.) im Lande sein. Aber auch der Dom von Utrecht (s. S. 63) ist ein Beispiel romanischer Baukunst. Zur Zeit der Gotik entstanden eine Reihe einzigartiger Profanbauten wie Stadttore, Tuchhallen, Belfriede, Zunfthallen sowie Rat- und Bürgerhäuser.

Am Ende des ausgehenden 16. Jhs. verändert sich mit dem Freiheitskampf der nördlichen Niederlande die politische Landkarte der gesamten Region in diesem Teil Europas. Hinzu kommt, daß nach dem Fall von Antwerpen viele Künstler in den aufständischen Norden flüchteten. Zur Zeit der Renaissance und des Barock boomte die Branche, zumal die Auftraggeber nach stabilen Geldanlagen Ausschau hielten und Gemälde von berühmten Porträtmalern der Zeit als eine solche betrachtet wurden. Der geniale Rembrandt Harmensz van Rijn (1606–1669) war während seiner Amsterdamer Zeit ein ebenso hochdotierter Künstler wie Frans Hals (1585–1666) in Haarlem. Zur gleichen Zeit entstanden in Amsterdam die Prachtbauten am Grachtengürtel. Höhepunkt ist das von Jacob van Campen gebaute Rathaus Koninklijk Palais (s. S. 23). Schon zu Beginn des 18. Jhs. begann der wirtschaftliche Abschwung. Sowohl in der Malerei als auch in der Baukunst gibt es zu dieser Zeit keine wichtigen Namen. Auch das Zeitalter der Industrialisierung läßt nur eine zögerliche künstlerische Weiterentwicklung zu. Die Haager Impressionistenschule mit Namen wie Jozef Israels, Willem Maris und Anton Mauve oder George Hendrik Breitner ist eine späte Antwort auf die Französische Schule in Barbizon. Mit Vincent van Gogh stellen die Niederlande allerdings den Begründer der modernen Malerei. In der Architektur repräsentieren zwei Persönlichkeiten den Wechsel zur Moderne: Pierre Cuypers, der mit Rijksmuseum und Hauptbahnhof in Amsterdam noch dem 19. Jh. zuzurechnen ist, und Hendrik Petrus Berlage, der die nach ihm benannte Börse in Amsterdam und das Kröller-Müller-Museum in Otterlo baut.

Die Amsterdamer Schule und die Architekten wie J. J. P. Oud in Rotterdam haben dem modernen Wohnungsbau in Europa wesentliche Impulse gegeben. Im 20. Jh. gehören die unterschiedlichsten niederländischen Künstler zur Avantgarde, haben aber eins gemeinsam: sie leben und arbeiten im Ausland. Zu ihnen zählen Piet Mondrian (1872–1944) aus Amersfoort und Willem de Kooning (geb. 1904) oder Theo van Doesburg (1883–1931). Van Doesburg ist zusammen mit Mondrian Initiator der Kulturrichtung „De Stijl“.

Parallel dazu entwickelte sich in der niederländischen Hauptstadt die Architekturrichtung „Amsterdamer Schule“. Das Scheepvaarthuis (s. S. 22) in Amsterdam ist das berühmteste Werk, das diesen Architekturstil repräsentiert. Bekannt ist die Experimentierfreudigkeit niederländischer Architekten. Zu den herausragenden Persönlichkeiten zählt Piet Bloom, der beim Wiederaufbau von Rotterdam mitgewirkt hat.

Essen und Trinken

„Die Nachtwache", gemalt von Rembrandt Harmensz van Rijn.

Lange bevor in anderen Ländern das umfangreiche Frühstücksbuffet in den Hotels angeboten wurde, begann in diesem Land seit eh und je der Tag mit einer opulenten Mahlzeit, und daran hat sich nichts geändert. Neben dem Standardangebot stehen die bunten Streusel unterschiedlichster Geschmacksrichtung, von Schoko über Vanille bis Minze, auf dem Tisch.

Da die Hauptmahlzeit am Abend eingenommen wird, besteht die Mittagsmahlzeit aus einem „Lunch": Sandwiches. Und wem zwischendurch der Sinn nach etwas Herzhaftem steht, wird bei den vielen kleinen Snackbars und Imbißständen immer etwas finden. Trotz der Expansion der bekannten Fast-food-Ketten gibt es immer noch die Frittenbude oder das „Essen aus der Mauer", sprich Automaten. Die klassische niederländische Küche bietet verständlicherweise ein großes Angebot von Fischspezialitäten. Das fängt bei fangfrischem Hering an, der nach landesüblichem Brauch gehäutet und entgrätet und gleich am Stand verzehrt wird. Unter dem Logo „Neederlands Dis" haben sich landesweit mehr als hundert Restaurants zusammengeschlossen, die sich der traditionellen niederländischen Küche verpflichtet fühlen. Auf ihren Speisekarten stehen regionale Spezialitäten. Geboten werden da z.B. auf Texel Lammspezialitäten, Aal am IJsselmeer, Spargel in Limburg oder Muscheln in Zeeland. Dazu gehört aber auch jenes kalorienreiche Eintopfgericht *stamppot*, das so steif sein muß, daß der Löffel darin steht. Und es gibt in diesem Land zu jeder Tages- und Nachtzeit ein immer frisches *kopje koffie* – die berühmte Tasse Kaffee.

Veranstaltungen

März: Tulpenblüte zwischen Ende März und dem 23. Mai in der Gegend um Haarlem und Lisse. In dieser Zeit ist der Keukenhof geöffnet.

April: Der „Koninginnendag" (30. des Monats) wird im ganzen Land gefeiert, in Amsterdam als Riesenvolksfest.

April bis Sept.: Jeden Freitag Käsemarkt in Alkmaar.

Mai: Am letzten Wochenende im Monat wird die Matjes-Saison in Scheveningen eröffnet.

Juni: Das Holland-Festival bietet Musik, Theater und Tanz auf den Bühnen der Stadt. Am letzten Wochenende im Monat findet das Motorradrennen „Dutch TT Assen" um den Großen Preis der Niederlande im Rahmen eines großen Volksfests in der Hauptstadt von Drenthe statt. Alljährlich zählt das Pomusik-Festival Mitte Juni in Den Haag rund 400000 Besucher.

Juli: Anfang des Monats North Sea Festival in Den Haag, der Jazz-Klassiker schlechthin mit Auftritten weltbekannter Musiker.

August: Anfang des Monats „Skutjesilen" in Friesland (Segeln mit alten Traditionsbooten).

Wassersport

Im Sommer steht natürlich bei den Urlaubern der Wassersport an erster Stelle der Freizeitaktivitäten. Aber es muß ja nicht immer Schwimmen oder Surfen sein. Eine besonders romantische Art der Fortbewegung ist das Segeln mit *Tjalk* und *Botter*. Allein auf den 30 Seen Frieslands und den vielen Kanälen und Flüssen kann von der eleganten Jacht über einfachere Kajütenboote und von der Jolle bis zum Kajak alles gemietet werden.

🛈 Top van Holland, Stationsplein 1, NL-8911 Leeuwarden, ☎ 160854, FAX 136555. ANWB, Postbus 93200, NL-BA Den Haag, ☎ 3147147.

Ein ganz besonderes Erlebnis ist die Fahrt mit dem Kanu von Friesland nach Overijssel. Die 110 bis 160 km lange *Turfroute* folgt den alten Moorkanälen.

🛈 Postbus 1160, NL-3800 Amersfoort BD, ☎ 622341.

Wer als Binnenländer sich nicht seinen eigenen seemännischen Fähigkeiten anvertrauen möchte, kann z.B. von Enkhuizen aus mit einem alten Frachtschiff das IJsselmeer befahren.

🛈 Prospekt „Wassersport in den Niederlanden" beim NTB in Köln (s. S. 93).

Fahrrad

Dem Individualisten hilft die Stichting Fiets bei der Planung und Durchführung mehrtägiger Routen.

🛈 Stichting Fiets, Europaplein 2, NL-1978 GZ Amsterdam.

Wer sein eigenes Rad nicht mitnimmt, kann in so gut wie jedem Ort eins mieten (🛈 VVV).

Anreise

Mit dem Flugzeug

Der internationale Flughafen Schiphol liegt 18 km von Amsterdam entfernt. Alle 15 Minuten verkehren Züge von und nach Amsterdam, Den Haag und Rotterdam. Der Bahnhof Schiphol ist an das deutsche EC- und IC-Netz angeschlossen.

Mit dem Auto

Über die Autobahn sind die Niederlande bequem zu erreichen. Vom Süden über die A8/E52, vom Westen (Köln) über die A57/E31, aus Richtung Hamburg/Berlin über die A1/E22.

Es gelten Geschwindigkeitsbegrenzungen:

Autobahnen 120 km/h, Landstraßen 100 km/h und Ortschaften 50 km/h bzw. 30 km/h.

Die Polizei kontrolliert penibel. Radarkontrollen finden regelmäßig und überall statt. Ständig wird die Autobahnstrecke Utrecht–Amsterdam überwacht.

Bei Pannen kann man auf die Hilfe der ANWB-Straßenwacht rechnen: ☎ 0888. Hinweise auf Staus werden laufend im Radio mitgeteilt.

Mit der Bahn

IC-Direktverbindungen gibt es zwischen Köln über Utrecht nach Amsterdam und von Berlin über Hannover und Osnabrück nach Amsterdam.

🛈 Auskünfte über verbilligte Karten, die schon im Heimatland gekauft werden können und auch in den Niederlanden gelten, sind bei den Infobüros der Bahn oder in entsprechenden Reisebüros zu bekommen.

Unterwegs im Land

Mit der Bahn erreicht man bequem und schnell so gut wie fast alle touristisch sehenswerten Orte. Ein regionales Busnetz sorgt ferner dafür, daß alle Dörfer und Badeorte sowie Städte zu erreichen sind. Es verkehren z. B. im Stundentakt Züge zwischen Amsterdam, Rotterdam und Utrecht bis tief in die Nacht hinein.

Segeln auf dem IJsselmeer.

Die Niederländische Eisenbahn (NS: Nederlandse Spoorwegen) bietet eine Reihe von verbilligten Fahrkarten und Kombinationstickets an: Wochenendfahrkarten (Fr–So) zu einer Ermäßigung von 40%. Da gibt es Tickets für Tagesausflüge, wobei im Preis der Eintritt für eine bestimmte Sehenswürdigkeit und die Bus- oder Straßenbahnfahrt inbegriffen sind.

Da kann man Tagesnetzkarten, Acht-Tage-Tickets oder Trampertickets für Jugendliche kaufen, mit denen man kreuz und quer ohne Kilometerbegrenzung durch das Land fahren kann.

Treintaxi

An 81 Bahnhofen stehen diese Sammeltaxis. Das Ticket wird zusammen mit der Fahrkarte gelöst. Sie verkehren zwischen 7 Uhr morgens und Mitternacht.

Bus und Tram

Das Zauberwort heißt in diesem Fall „Strippenkaart". Die einfache Karte gilt in der Stadt, in der sie gekauft wird, für Fahrten mit der Straßenbahn und dem Bus. Mit der nationale Strippenkaart können die gleichen Verkehrsmittel im ganzen Land genutzt werden. Sie rentiert sich also bei der Besichtigung mehrerer Städte.

Die Windmühlen von Kinderdijk.

Unterkunft

Alle Hotels und Pensionen unterliegen der sog. Benelux-Hotel-Klassifizierung. Im offiziellen Verzeichnis des Niederländischen Büros für Tourismus reicht die Skala vom 5-Sterne-Luxushotel bis hin zum einfachen Hotel mit einem Stern. Der Standard der einzelnen Häuser wird alljährlich überprüft.

Die Reservierung eines Hotelzimmers ist denkbar einfach. Über den NRC (Nationales Reservierungs-Zentrum) kann man schriftlich, per Telefon, Telex oder Fax unter Angabe aller wichtigen Details ein Zimmer vorbestellen. Die Reservierung wird vom NRC schriftlich nach einer kurzen Bearbeitungsdauer bestätigt.

ℹ NRC, Postfach 404, NL-2200 AK Leidschendam, ☎ 070/3202500, Fax 320261 1, Telex 33755.

Auch die VVV-Büros bieten in ca. 90 Orten einen Buchungsservice an. Die Vorbestellung muß schriftlich erfolgen und kostet eine geringe Gebühr, der Zimmerpreis muß gegen Quittung im voraus bezahlt werden.

Ferienhäuser

Vor allem auf den Inseln, aber auch an den Küsten von Noord-Holland und Zeeland werden Ferienhäuser angeboten.

ℹ NBT (s. S. 93).

Jugendherbergen

Im ganzen Land gibt es insgesamt 45 Jugendherbergen. Sie sind so gut wie in jeder größeren Stadt und an den Hauptpunkten der Feriengebiete zu finden.

ℹ NJHC, Prof. Tulpplein 4, NL-1018 GX Amsterdam, ☎ 020/5513155, Fax 6234986.

Camping – Trekkershutten und Caravan

Es gibt ca. 2500 Campingplätze. Wildes Camping ist streng verboten und wird mit Geldbußen geahndet.

Geradezu ideal sind die Trekkershutten, die gleichermaßen gern von Wanderern und Radfahrern genutzt werden. Es handelt sich um einfache Holzhütten für maximal vier Personen. Schlafsäcke, Geschirr usw. sind mitzubringen.

ℹ Reservierung über NRC (s. links). Beim NBT in Köln (s. S. 93) gibt es einen Katalog mit 118 ausgesuchten Campingplätzen.

Das besondere Hotel

Kleinstes Hotel der Welt, Eenrum bei Groningen, ☎ 05959/1600. Angeboten wird ein einziges Doppelbettzimmer mit allem hotelüblichen Luxus.
De Vrouwe van Stavoren, im friesischen Stavoren kann man in Eichenweinfässern übernachten, ☎ 051497/1202.
d' Olde Kamp, in Ansen (Provinz Drenthe) stehen sechs Torfhütten als Übernachtungsmöglichkeit zur Verfügung, ☎ 0522/1691.
Bauernhof aus der Bronzezeit, in Lelystad kann man sich auf diesem Bauernhof mal in frühgeschichtlichen Lebensweisen üben.
ℹ Naturpark, ☎ 03200/51756.

Schloßcamping

Über die Vereinigung Niederländischer Landgut- und Schloßcampingplätze können auch Ferien auf dem Bauernhof, Ferienhäuschen, ein Wohnwagenurlaub oder die Übernachtung in Hütten gebucht werden. Das Besondere ist die hochherrschaftliche Umgebung der jeweiligen Anlage.
ℹ Schloßcamping, NL-7300 WB Apeldoorn, ☎ 055/558844.

Der Damrak in Amsterdam ist eine beliebte Einkaufsstraße.

COFFEESHOP
PICK UP THE PIECES
DICE EXACT
shop
Heineken
COFFEESHOP
FREE ADAM
CAFE
COFFEESHOP
LUCKY STRIKE
open
TELEPHONE
PUBLIC

***Amsterdam

Die junge, alte Hauptstadt

Im Foyer des Rathauses steht dem Besucher das Wasser bis zum Hals. In einer gläsernen Säule hebt und senkt sich im Takt der Gezeiten der Wasserpegel. Bei Ebbe fällt er unterhalb des Fußbodens, bei Hochwasser steigt er dem Besucher über den Kopf. Der Gast im modernen Rathaus an der Amstel würde zweimal pro Tag von den Fluten der Nordsee weggeschwemmt, hätten niederländische Deichbauer das Land nicht schon vor Jahrhunderten mit Deichen geschützt.

Die jung gebliebene Hauptstadt (695 000 Einw.) hat seit den Provo- und Kabouter-Aktionen, den Vorläufern der antiautoritären Jugendbewegungen, ihre magische Anziehungskraft auf die nachfolgenden Generationen bis heute nicht verloren. Von Ostern bis Oktober trifft sich zwischen Damrak, Nieuw Markt, Waterlooplein und Leidseplein die Jugend Europas. Ihr Credo – In Amsterdam darf man alles, was zu Hause nicht erlaubt ist – stellt die schon sprichwörtliche Toleranz der Amsterdamer oft genug auf eine harte Probe.

Geschichte

Als „Amstelledamme" wurde 1275 die Hauptstadt der Niederlande in einer Urkunde erstmals genannt, gezeichnet von Graf Floris V. am 27. Oktober. Im 14. und 15. Jh. entwickelte sie sich zu einem Handelszentrum. Im 16. Jh. brachten jüdische Kaufleute aus Antwerpen die Technik der Diamantschleiferei nach Amsterdam. Und noch heute gehört der Besuch einer Diamantenschleiferei ins touristische Pflichtprogramm (ⓘ VVV Amsterdam). Gegen Ende des gleichen Jahrhunderts unterstützten die inzwischen vermögenden Kaufleute maßgeblich die Eroberungsfahrten der Ost- und später auch der Westindischen Kompagnie. Die wirtschaftliche Blüte erreicht im 17. Jh. ihren Höhepunkt. Der Überfluß ließ den Grachtengürtel mit den wunderschönen Giebelhäusern entstehen.

In dieser Zeit des Wohlstandes begann auch der schwunghafte Handel mit der Tulpenzwiebel. Auf dem Höhepunkt der „Tulpomanie" wurde für eine Zwiebel der Gegenwert eines Grachtenhauses in vornehmster Gegend gezahlt.

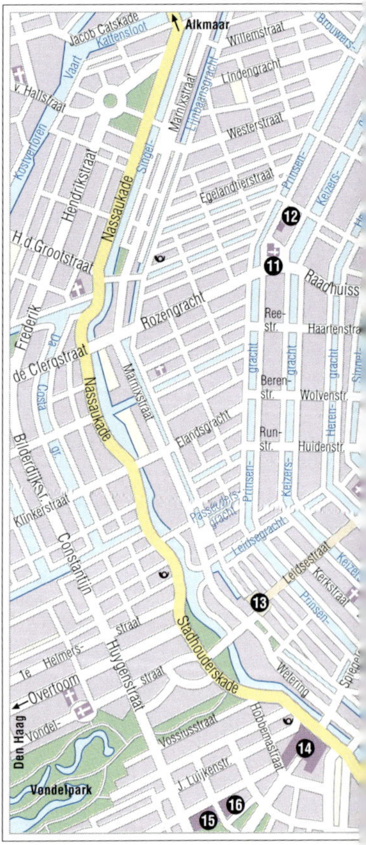

Ein jähes Ende der wirtschaftlichen Machtposition kam mit der Kontinentalsperre, die Napoleon verhängte. Nach der Loslösung der südlichen niederländischen Provinzen 1830 und der Gründung des Staates Belgien wurde erst mit der Verfassung von 1983 in Artikel 32 der Status der Hauptstadt

❶ Centraal Station
❷ Schreierstoren
❸ Scheepvaarthuis
❹ Montelbaanstoren
❺ Scheepvaartmuseum
❻ Grachtenrundfahrten (Hauptanlegestelle)
❼ Beurs van Berlage
❽ Dam
❾ Nieuwe Kerk
❿ Koninklijk Palais
⓫ Westerkerk
⓬ Anne-Frank-Huis
⓭ Leidseplein
⓮ Rijksmuseum
⓯ Stedelijk-Museum
⓰ Rijksmuseum van Gogh
⓱ Albert-Cuypmarkt
⓲ Magere Brug
⓳ Waterlooplein

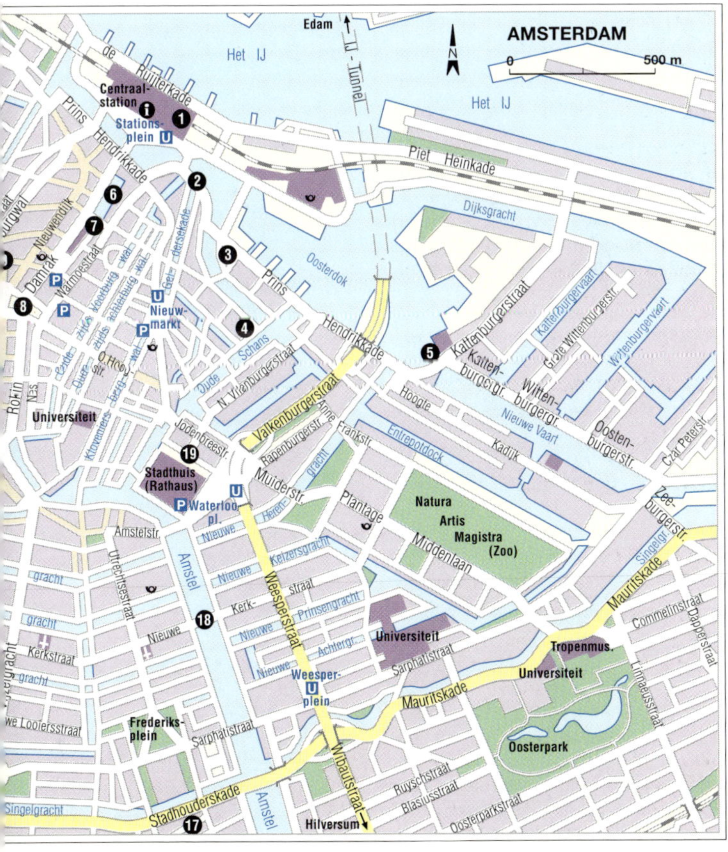

festgeschrieben. Verspätete Industrialisierung und die Armut großer Teile der Bevölkerung kennzeichneten die Entwicklung in der ersten Hälfte des 19. Jahrhunderts. Kaum hatte sich die Stadt wirtschaftlich erholt, brachte der Zweite Weltkrieg einen erneuten Rückschlag. Am 5. Mai 1945 befreiten kanadische Truppen die Stadt von den deutschen Besatzern.

In den 60er Jahren avancierte Amsterdam zum Mittelpunkt der europäischen Hippie-Bewegung. „Provo" und „Kabouter" ließen etablierte Parteien und Bürgertum erzittern. Die Auseinandersetzungen zwischen Polizei und Demonstranten bildeten während der Trauung von Prinzessin Beatrix und Prinz Claus von Amsberg 1966 in der Westerkerk den unrühmlichen Höhepunkt. Ähnlich spektakuläre Auseinandersetzungen folgten dann 1980 bei der Inthronisierung von Königin Beatrix, signalisierten aber einen anderen gesellschaftlichen Konflikt: „Kraaker", Hausbesetzer, protestierten auf ihre Art gegen das Medienspektakel: „Geen woning – geen kroning" (Keine Wohnung, keine Krönung).

Stadtbesichtigung

Sieben Millionen Touristen spazieren jedes Jahr durch die Innenstadt; mehr als eine Million will Rembrandts „Nachtwache" sehen.

Centraal Station ❶. Egal, mit welchem Verkehrsmittel man anreist, der üppige Jahrhundertwendebau nach Plänen von Pierre Cuypers ist eine wichtige Adresse für den Gast. Gegenüber liegt nicht nur das VVV-Büro, sondern auch die Haltestelle der großen Grachten-Rundfahrtschiffe.

War das Viertel rund um den **Zeedijk** lange Jahre berühmt-berüchtigter Mittelpunkt der harten Drogenszene, hat sich der Stadtteil nach der Sanierung wieder zu einem lebendigen und freundlichen Wohn-, Arbeits- und Kneipenviertel entwickelt.

Schreierstoren ❷, Prins Hendrikkade/Geldersekade. Der Schriftsteller Cees Nooteboom beschreibt den Turm mit folgenden Worten: „Wer eine Seele hat, die leicht genug ist, spürt den sanften Widerstand rund um die Amsterdamer Schreierstoren, der mit dem Ausmaß am Kummer der Abschiednehmenden zusammenhängt, für jene, die im 17. Jh. für Jahre nach Niederländisch-Indien aufbrachen und möglicherweise nie zurückkehrten. Eine Art von Kummer, den wir nicht mehr kennen."

** **Scheepvaarthuis ❸**. Das Haus der Schiffahrt an der Prins Hendrikkade ist ein Paradebeispiel des Baustils, der als Amsterdamer Schule in die Kunstgeschichte eingegangen ist. In den 20er Jahren dieses Jahrhunderts bildete sich neben dem geometrisch-rationalen „De Stijl" dieser formenreich-expressive Stil heraus. Mit den Entwürfen für diesen Repräsentationsbau haben sich die Architekten van der Mey, Kramer und De Klerk ein Denkmal gesetzt.

Montelbaanstoren ❹ wurde im 16. Jh. errichtet und später im Volksmund als „Malle Jaap", dummer Jakob, bezeichnet, da seine Uhr so gut wie nie richtig ging. Hier im *Oosterdok* ankerten im Goldenen Jahrhundert die Schiffe der Ost- und Westindindischen Kompagnie. Heute ist das Hafenbecken einer der heiß begehrten Ankerplätze der insgesamt 2800 Wohnboote.

* **Scheepvaartmuseum ❺**, Kattenburgerplein 1, ist im Besitz einer über 60000 Bände umfassenden maritimen Bibliothek (🕓 Di bis Sa 10–17 Uhr, So 12–17 Uhr). Seit der Sail '90 liegt die „Amsterdam", eine Nachbildung eines dieser Schiffe der Ostindischen Kompagnie, im Oosterdok vor Anker.

Der * **Damrak** hat sich im Laufe der 90er Jahre zu einem prachtvollen lebendigen Boulevard mit vielen Geschäften entwickelt. An seinem oberen Ende liegt gegenüber dem Bahnhof die Hauptanlegestelle für die ** **Grachtenrundfahrten ❻**. Dort steht aber auch die ** **Beurs van Berlage ❼**, Damrak 279,

Der ***Grachtengürtel

Die Grachten – wörtlich Gräben – wurden zunächst zur Verteidigung beiderseits der Amstel angelegt. Zu Beginn des 17. Jhs. entstand dann der konzentrische Grachtengürtel – Heren-, Keizers- und Prinsengracht. Bedingt durch den wirtschaftlichen Aufschwung mußten dann am östlichen Ufer der Amstel zusätzliche Grachten gegraben werden: Nieuwe Herengracht, Nieuwe Keizersgracht und Nieuwe Prinsengracht. Auf diese Weise entsteht jener halbkreisförmige Grachtenring, der noch heute so typisch für diese Stadt ist. Der hufeisenförmige Grachtengürtel wird durch eine Anzahl schmaler Radialgrachten und -straßen durchschnitten. Durch dieses Netz von Ringgrachten und Querverbindungen entstehen rund 90 kleine Inseln, die durch etwa 400 Brücken miteinander verbunden sind. Das Graben des ganzen Grachtensystems, das Unterpfählen und Mauern der Kais, das Aufschütten des Baugeländes sowie die Errichtung der Bollwerke und Tore gehören neben Einpolderung und Deichbau mit zu den größten Bauleistungen des Landes. Im Gegensatz zur heutigen Zeit mußten damals in Amsterdam die Arbeiten per Hand mit Spaten und Schubkarre verrichtet werden. Allerdings beschaffte sich die Stadt billige Arbeitskräfte, in dem sie die Strafgefangenen zum Arbeitseinsatz an den Grachten verurteilte.

ursprünglich Börse, heute Konzert- und Ausstellungsraum in einem. Das Werk des Amsterdamer Architekten Hendrik Petrus Berlage (1896–1903) kennzeichnet den Beginn der modernen Architektur.

** **Dam** ❽. Mittelpunkt des Hauptplatzes ist ein Obelisk. Alljährlich findet am Abend des 4. Mai vor dem Denkmal die nationale Gedenkveranstaltung für die Opfer des Widerstands gegen die deutsche Besatzung statt. Im Sommer ist der Platz Treffpunkt der Jugend der Welt, eine Bühne für Straßenkünstler.

Die Centraal Station entstand um die Jahrhundertwende.

Zu den markantesten Repräsentationsbauten rund um den Dam gehört die Krönungskirche **Nieuwe Kerk** ❾. Die spätgotische Kreuzbasilika wird heute vor allem als Ausstellungsraum genutzt.

Typische Grachtenidylle.

Das ** **Koninklijk Palais** ❿ wurde als Rathaus von Jacob van Campen gebaut und galt kurz nach seiner Fertigstellung im Jahr 1665 als achtes Weltwunder allein aus dem Grund, daß es zum damaligen Zeitpunkt nirgendwo auf der Welt einen vergleichbaren Prachtbau für Kommunalbeamte gab. Unabhängig davon wurde mit diesem Repräsentationsbau dem immensen Reichtum der Stadt im Goldenen Jahrhundert ein Denkmal gesetzt. Allein 13659 Eichen mußten aus Skandinavien importiert werden, um dem Palast über instabilem Untergrund den erforderlichen Halt zu geben. 1808 vereinnahmte Louis Bonaparte den Palast als seine Residenz.

** **Westerkerk** ⓫. In dieser dreischiffigen Basilika, gebaut nach Plänen von Hendrick de Keyser während der ersten Hälfte des 17. Jhs., wurde Rembrandt beigesetzt, doch bis heute konnte seine Gruft nicht lokalisiert werden.

** **Anne-Frank-Huis** ⓬, Prinsengracht 263–265. Besucherschlangen vor dem Eingang sind keine Seltenheit. In dem Patrizierhaus konnten sich das jüdische Mädchen Anne Frank und ihre Familie bis kurz vor Ende des Krieges vor der Deportation verstecken. Dort schrieb sie ihr erschütterndes Tagebuch, das in alle Weltsprachen übersetzt wurde. Die Einrichtung des Hinterhauses ist im Originalzustand erhalten.

** **Leidseplein** ⓭. Auf diesem Platz gehen niemals die Lichter aus. Tagsüber sind bei schönem Wetter Terrassenstühle Mangelware, und auch abends sind bis spät in die Nacht die Cafés, Restaurants und Diskotheken hoffnungslos überfüllt. Kultureller Mittelpunkt ist die *Stadschouwburg*, daneben zieht das *Paradiso* (Wertingschans 6), eine zur Diskothek umgebaute Kirche, die jugendlichen Gäste an. Das * *Hotel Americain* mit seinem ** **Café Americain** im Jugendstil ist eine Institution und ein exklusiver Treffpunkt.

*** **Rijksmuseum** ⓮, Stadhouderskade 42, präsentiert die bedeutendste Gemäldesammlung niederländischer Meister. Unabhängig von besonderen Ausstellungen steht Rembrandts „Nachtwache“ im Mittelpunkt des am 14. Juli 1885 nach acht Jahren Bauzeit eröffneten Neorenaissancegebäudes. Im Schatten der „Nachtwache“ zeigen die Besucher kaum Interesse für die wertvollen Gemäldesammlungen der Haager Schule und der Amsterdamer Impressionisten.

Das ** **Stedelijk-Museum** ⓯, Paulus Potterstraat 13, ist das bedeutendste niederländische Museum für moderne Kunst mit Arbeiten von Malewitsch, Mondrian, van Doesburg, Picasso, Cézanne, Manet und Monet sowie von Chagall und Matisse.

** **Rijksmuseum van Gogh** ⓰, Paulus Potterstraat 7, ist im Besitz der bedeutendsten Van-Gogh-Sammlung der Erde; darüber hinaus sind die Werke seiner wichtigsten Zeitgenossen zu sehen. 🕓 Di–Sa 10–17 Uhr, So 13–17 Uhr.

* **Albert-Cuypmarkt** ⓱. Auf einer Strecke von mehr als einem Kilometer verwandelt sich sechsmal in der Woche die Albert-Cuypstraat (Straßenbahn 16, ab Hauptbahnhof) in einen riesigen Wochenmarkt. Zwischen Blumen-, Gemüse- und Warenständen mit Exotischem aus aller Herren Länder ist der schlichte Alltag in seiner ganzen Vielschichtigkeit auch für den Fremden hautnah zu beobachten (🕓 Mo–Sa 9–17 Uhr).

* **Magere Brug** ⓲. Neben den Fotos von den Giebeln der Grachtenhäuser ist die älteste Brücke der Stadt ein beliebtes Fotomotiv. Sie wurde 1671 als Fußgängerbrücke über die Amstel gebaut.

Niemand hat das frühere Amsterdamer Judenviertel (Joodse Buurt) um den **Waterlooplein** ⓳ besser beschrieben als Egon Erwin Kisch. Der „Auswanderer, derzeit Amsterdam“ 1935 in einem Beitrag für die von Klaus Mann im Exil herausgegebene Zeitschrift „Sammlung“: „Um Gemüse und Eier und Obst, um ‚Koscher Planten-Margarine‘, um Fisch und Geflügel und Fleisch, alles ‚Onder Rabbinaal Toezicht‘ kreisen Handel und Wandel auf dem rechtwinklig geknickten Waterlooplein . . . der Abfall der Niederlande ist durchaus marktbares Gut.“ Geblieben ist nicht einmal mehr der Name des Viertels.

Die Juden wurden ermordet und der Stadtteil nach dem Krieg neu aufgebaut. Heute findet auf dem Waterlooplein täglich ein Flohmarkt mit Antikem und Kuriosem statt.

Zu jeder Tageszeit ist die Magere Brug ein bliebtes Fotomotiv.

Die Bronzestatue „Dokwerker" von Mari Andriesen vor dem *Joods Historisch Museum* (🕓 Mo–So 11–17 Uhr) auf dem Jonas Daniel Meyerplein erinnert an den großen Streik im Februar von 1941. Damals protestierten als einzige in ganz Europa die Dockarbeiter gegen die Deportation der Juden durch die Nationalsozialisten.

ℹ VVV Amsterdam, Postbus 3901, NL-1001 AS Amsterdam, ☎ 34034066. Beim VVV gibt es den Kulturfahrplan „What's on" mit allen Theater- und Konzertprogrammen. Eintrittskarten: AUB-Ticketshop, Leidseplein (Stadschouburg), 🕓 Mo–Sa 10–18 Uhr, ☎ 6225225.
🚆 Köln – Amsterdam, Berlin – Amsterdam.

Ⓗ **Amstel,** Prof. Tulpplein 1, ☎ 6226060, das Nobelhotel der Stadt und des Landes mit 850 Zimmern. $$$
Barbizon Palace, Prins Hendrikkade 59, ☎ 5564564, am Rande des Rotlicht-Viertels gelegen mit dem Ein-Stern-Restaurant Vermeer. $$$
De Toren, Keizersgracht 164, ☎ 6226352, im Schatten der Westerkerk. $$
Ambassade, Herengracht 341, ☎ 6262333, man muß Monate vorher buchen. $$
Acacia, Lindengracht 251, ☎ 6221460, einfaches Hotel im Jordaan. $
Hoksbergen, Singel 301, ☎ 6266043, gemütliches Grachtenhaus im Zentrum; Wahnsinnsfrühstück. $

Prinsengracht mit der Westerkerk im Hintergrund.

Ⓡ **Poort Restaurant**, im Hotel Die Port van Cleve, Nieuwezijds Voorburgwal 178, ☎ 6244860, niederländische Küche. $$

**Rotterdam

Klein-Manhattan der Niederlande

Die zweitgrößte Stadt (579 000 Einw.) des Landes strahlt mehr Urbanität und Internationalität aus als irgendein anderer Ort des Landes. Rotterdam gilt als Prototyp einer modernen europäischen Nachkriegsstadt, als Avantgarde-City der modernen Städtebaukunst.

Nach einem spektakulären Neuanfang versinnbildlicht das Denkmal „Der Schrei" von Ossip Zadkin das in Erz gegossene Trauma der Menschen dieser Stadt.

Stadtgeschichte

1238 wurde Rotterdam erstmals erwähnt, 1340 erhielt es Stadtrechte. Im 17. Jh. entwickelte sich Rotterdam zur bedeutenden Hafenstadt, vor allem durch die florierende Tuchindustrie. Sprunghaft war die Entwicklung im Zeitalter der Industrialisierung. Zwischen 1850 und 1900 stieg die Bevölkerungszahl von 90 000 auf 330 000.

Der größte Hafen der Erde bezeichnet sich heute gern als Manhattan an der Maas. In Rotterdam lebt man bewußt mit dem Blick in die Zukunft, ohne dabei die Vergangenheit, die völlige Zerstörung der Stadt durch deutsche Truppen, zu vergessen.

Noch oder schon wieder hat der Ausspruch des großen Humanisten Erasmus von Rotterdam, des bekanntesten Sohnes der Stadt, Gültigkeit, der Rotterdam als „eine große Werkstatt" beschrieb. Verständlich, daß Rotterdam sich für die Auszeichnung „Kulturhauptstadt Europas 2001" beworben hat.

Stadtbesichtigung

Um den Hauptbahnhof bestimmen vor allem am **Weena** ❶ Wolkenkratzer das Bild. Im Schatten des Hochhauses „Delftse Poort", Weena 505, mit den beiden 160 m hohen Türmen liegt die Rekonstruktion des ****Café de l'Unie** ❷, Mauritsweg 35. Flächenaufteilung, aber auch die Verwendung der Primärfarben machen das vom Architekten

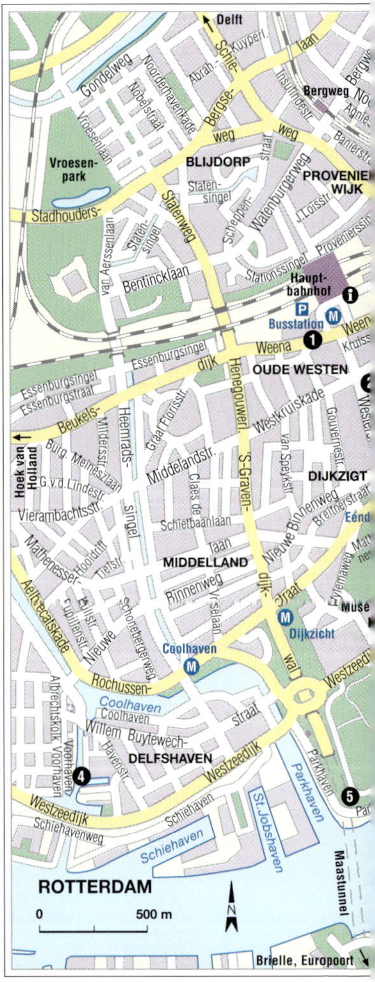

J. J. P. Oud 1924 gebaute und nach dem Krieg wieder vollständig restaurierte Bauwerk zum Musterbeispiel für die Architekturrichtung „De Stijl".

**** Museum Boymans-van-Beuningen** ❸, Mathenesserlaan 18–20. Das ist das einzige Museum im ganzen Land, in dem Bilder des altniederländischen Meisters Hieronymus Bosch (um 1450 bis 1510) zu sehen sind. Die Gemälde-

❶ Weena
❷ Café de l'Unie
❸ Museum Boymans-van-Beuningen
❹ Delfshaven
❺ Euromast
❻ Maritiem-Museum Prins Hendrik
❼ Het Witte-Huis
❽ Oude Haven

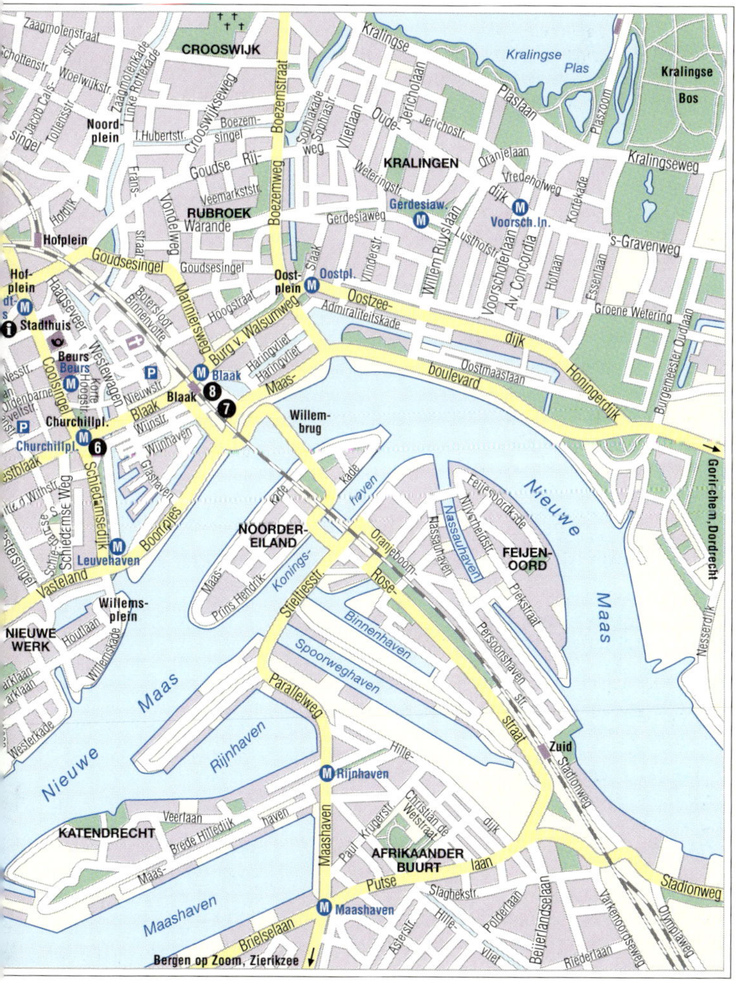

sammlung umfaßt daneben sowohl Werke alter Meister (van Dyck, Brueghel, Aertsen, Lucas van Leyden und Rembrandt). Vertreten sind ebenfalls: Dou, Terborch, Rubens, Tizian, aber auch die Moderne.

** **Delfshaven** ❹ wird zwar von so manchem Einheimischen als ältester Teil der Stadt angesehen, fungierte aber nach dem Bau des Kanals zwischen Delft und der Maas als Hafen von Delft (1389). Seit der Ausdehnung der Stadt ist der malerische Hafen im Zentrum Teil des Innenstadtgebiets. Entlang dem *Cool-* und *Parkhaven* führt der Weg zum Rotterdamer Park mit dem weithin sichtbaren **Euromast** ❺. Bei seinem Bau 1960 hatte der Turm schon eine Höhe von 107 m; der aufgesetzte Spacetower ermöglicht nun einen ** *Panoramablick* aus einer rotierenden Kabine, die bis auf die Höhe von 185 m hinauffährt. Bei klaren Witterungsverhältnissen ist das gesamte Rotterdamer Hafengebiet bis zum Europoort an der Maasmündung in die Nordsee zu übersehen.

* **Maritiem-Museum Prins Hendrik** ❻, Leuvehaven 1. Der exzentrische Museumsbau wurde nach Entwürfen des Architekten Quist in Form eines diagonal halbierten Vierecks erbaut. Zu besichtigen sind zwanzig Schiffe aus der Zeit von 1850 bis 1950. Das gegenüberliegende **IMAX Rotterdam,** Leuvehaven 77, bietet wahrhaft einzigartige Kinoerlebnisse: Die Projektionswand geht über sechs Stockwerke und ist 23 m breit.

Het Witte-Huis ❼. Das 45 m hohe Jugendstilgebäude entstand 1898 als erster Wolkenkratzer Europas in Rotterdam an der Ecke Wijnhaven/Geldersekade. Am ** **Oude Haven** ❽ sind die Kubushäuser von Piet Bloom eine touristische Attraktion. Der bleistiftförmige Hochhausturm ** **Het Potlood** stammt ebenfalls aus dem Büro von Bloom. Das ganze Viertel rund um den alten Hafen erfreut sich als Einkaufsmeile großer Beliebtheit.

ℹ VVV Rotterdam, Coolsingel 67, NL-3012 AC Rotterdam, ☎ 34034065, FAX 4130124.
Bahn: Amsterdam – Hoek van Holland, Utrecht – Rotterdam.
Ⓗ **Parkhotel Rotterdam,** Westersingel 70, NL-31015 LB Rotterdam, ☎ 4363611, Luxushotel der Bilderberg-Gruppe. ($$)
Scandia Hotel, Willemsplein 1, NL-3016 DN Rotterdam, ☎ 4134790, Mittelklassehotel am Ufer der Maas mit schöner Aussicht. ($)
Ⓡ **Parkheuvel,** Heuvellaan 21, ☎ 4360766, ist bekannt wegen seiner Spargel-Spaghetti auf Lachs. ($)
Dudok, Meent 88, ☎ 4333102, im Stil eines Bistros, große Auswahl an leckeren Tellergerichten. ($)

Avantgarde-City

Rotterdam und Architektur – das ist nach dem Zweiten Weltkrieg ein eigenständiges Thema geworden. Aber schon in der ersten Hälfte des 20. Jhs. bildete der soziale Wohnungsbau in Rotterdam eine wichtige Komponente in der Entwicklung der Stadt. Von 1917 bis in die 30er Jahre prägte der Architekt Jacobus Johannes Pieter Oud als Stadtplaner das Bild. Als Architekt der Neuen Sachlichkeit machte sich Oud mit der Planung der Siedlung Kiefhoek einen Namen. Für sozial schwache Arbeiterfamilien skizzierte Oud auf 4 ha Fläche etwa 300 zweigeschossige Reihenhäuser. Das sogenannte Weiße Dorf (Het witte dorp) von Oud wurde in den 80er Jahren wiederaufgebaut. Die Avantgarde-City der modernen Architektur nach dem Zweiten Weltkrieg bietet auch dem Niederländischen *Architektur-Institut, Museumpark 25 (🕓 Di–Sa, 10–17 Uhr, So 11–17 Uhr), ein Domizil.

**Maastricht

Sprungbrett Europas

Hier ist man stolz darauf, dem Hollandklischee nicht zu entsprechen: keine Tulpenfelder, keine Windmühlen, kein Käse. Dafür pflegt man bewußt das barocke Lebensgefühl, was mit der Religionszugehörigkeit zusammenhängt. Irgendwo läuten immer Kirchenglocken in Limburgs Haupt- und Universitätsstadt (118 000 Einw.), die seit der Unterzeichnung des Vertrags von Maastricht im Jahr 1991 wirklich weltweit in aller Munde ist.

Selbst bei den Niederländern rangiert diese lebensfrohe, weltoffene Stadt mit ihren vielen Terrassencafés und Restaurants, Bistros und Boutiquen, Märkten und den nach Weihrauch riechenden Kirchen vor der Hauptstadt Amsterdam.

Lebensfroh und weltoffen gibt sich die Stadt an der Maas.

❶ Bahnhof
❷ Sint Servaasbrug
❸ Sint Servaasbasiliek
❹ Onze Lieve Vrouwebasiliek
❺ Bonnefantenmuseum

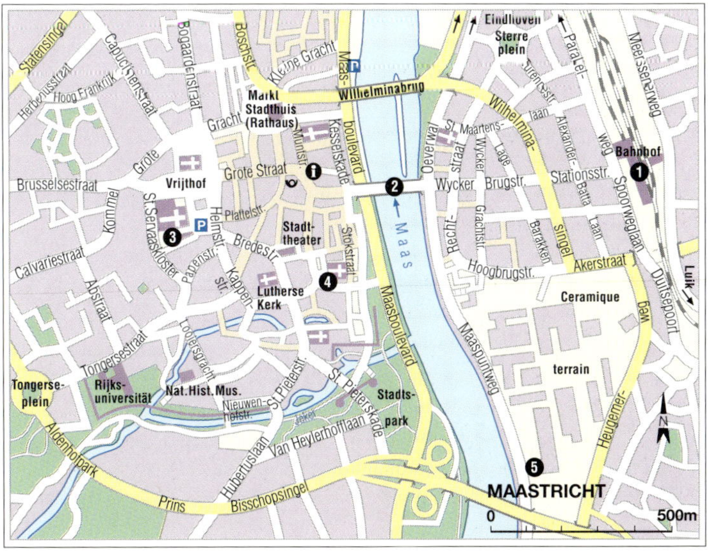

Geschichte

Die Geschichte der meistzitierten Stadt Europas begann 50 v. Chr., als die Römer die strategische Bedeutung des Platzes erkannten und an der Kreuzung von Handelsstraßen die Siedlung Mosae Trajectum gründeten. Zwischen 382 und 722 war sie Bischofssitz, wurde, aufgrund ihrer strategischen Lage, dann in den folgenden Jahrhunderten 21mal belagert.

Nach 1621 war die älteste Stadt des Landes auch die größte Festung. Noch heute können die zahlreichen *Kasematten* im Westen der Stadt besichtigt werden. Aber auch die Grotten *St. Pietersburg* im Süden, ein Labyrinth von 20000 Gängen mit einer Gesamtlänge von 200 km, sind zu einem Teil zugänglich.

Stadtbesichtigung

Ein Stadtspaziergang beginnt am **Bahnhof** ❶ auf dem rechten Ufer der Maas. **Sint Servaasbrug** ❷, für Autos gesperrt, führt als älteste der fünf Brücken hinüber in die Altstadt mit den 1500 meist denkmalgeschützten Gebäuden an schmalen Gassen.

Lebendiger Mittelpunkt dieser so südländisch wirkenden Stadt ist der **Vrijthof** mit seinen vielen Straßencafés. Am letzten Wochenende im August ist der Platz das Ziel aller Gourmets aus nah und fern. Gefeiert wird das Schlemmerfestival *Preuvenemint*, das berühmt ist für seine duftenden kalorienreichen Köstlichkeiten.

Der Dom **Sint Servaasbasiliek** ❸ ist das Wahrzeichen der Stadt. Er wurde über dem Grab des hl. Servatius gebaut. Zu den Prunkstücken der Schatzkammer gehört die Reliquientruhe des ersten Bischofs von Maastricht.

In Zeiten der Not, so wird erzählt, soll der Schrein, in einer Prozession durch die Gassen getragen, Wunder bewirken. Neben all den anderen gotischen Kirchen gehört der 68 m hohe rote Turm von **St. Jans** schräg gegenüber zu den architektonischen Besonderheiten.

Onze Lieve Vrouwebasiliek ❹ am gleichnamigen Platz wird als die schönste romanische Kreuzbasilika des Landes bezeichnet.

Auch wenn die Silhouette der Stadt von den Türmen vieler Kirchen bestimmt wird, gibt es viele Bürgerhäuser im Stil der Gotik und der maasländischen Renaissance: **Het Dinghuis** (um 1470), Kleine Straat 1, **Pesthuis** (um 1775) Vijf Koppen, **Spaans Gouvernement** (14. Jh.) und das **Stadhuis** (1659 bis 1664), Markt. Weitere historische Wohnhäuser stehen an der chicen Einkaufsstraße **Stokstraat** und ihren Seitengassen.

Bonnefantenmuseum ❺, Avenue Ceramique 250, 🕓 Mo–Fr 10–17 Uhr, Sa, So 11–17 Uhr). Der bedeutendste Museumsneubau entstand nach Plänen des Italieners Aldo Rossi im Stadtteil Ceramique. Im 50 Mio. Gulden teuren Objekt werden Werke südniederländischer und italienischer Meister präsentiert.

(i) VVV Maastricht, Het Dinghuis, Kleine Staat 1, NL-6211 ED Maastricht, ☎ 252121.

(H) **Golden Tulip Barbizon,** Forum 110, NL-6229 GV Maastricht, ☎ 615862, wartet mit einer Top-Ausstattung und allem Komfort auf, in unmittelbarer Nachbarschaft des Messezentrums. ($$$)

Beaumont, Wickerburgstraat 2, NL 6211 TA Maastricht, ☎ 254433, FAX 253655. Angenehmes Haus in Bahnhofsnähe. ($$)

Hotelboot, Maasboulevard 95, NL-6211JW Maastricht, ☎ 219023, FAX 257998, einfach aber originell. ($)

(R) * **Château Neercanne,** Cannerweg 800, ☎ 251359, liegt außerhalb des Stadtkerns. Auch Staatsoberhäupter bevorzugen die mit Michelin-Sternen ausgezeichnete Küche. ($$$)

't Kläöske, Plankstraat 20, ☎ 218118. Regionale Spezialitäten. ($$)

Schlemmeradressen: Die besten Lokale liegen zwischen dem Vrijthof-Markt und der Sint Servaasbrug.

**Haarlem

Weithin sichtbar ist der 80 m hohe Turm der St. Bavokerk.

Die Stadt der Kunst

Zur Provinzhauptstadt (150 000 Einw.) von Noord-Holland sind es nur 7 km von der Nordseeküste und knapp 20 Autominuten von Amsterdam. Frans Hals, einer der berühmtesten niederländischen Porträtmaler, wirkte in der Stadt an der Spaarne und verhalf ihr mit der Gründung der nach ihm benannten Malschule zu Ruhm und Ehre. Die Kunststadt liegt im Schutz des Dünengürtels.

Stadtgeschichte

Haarlem, älter als Amsterdam, war vom 11. bis 13. Jh. Sitz der Grafen von Holland. 1245 erhielt es die Stadtrechte, erlangte durch seine Lage zwischen Mooren und der Spaarne strategische Bedeutung und kam durch Handel zu Wohlstand. 1573 wurde die Stadt sieben Monate lang während des 80jährigen Krieges von den Spaniern belagert. Nach dem Ende ihrer Herrschaft brachte dann der Tulpenhandel im 17. Jh. Geld in die Stadtkasse. Die chemische Industrie und die Großbetriebe des graphischen Gewerbes sind die wichtigsten Arbeitgeber.

Stadtbesichtigung

***Bahnhof** ❶. Haarlem empfängt seine Besucher mit dem prunkenden nostalgischen Charme der Jugendstilarchitektur. Auf dem Weg zur Innenstadt verdient am Jansweg Nr. 39 das ***Hofje van Staats** ❷ zumindest einen kurzen Blick. Es geht auf eine Stiftung des Fabrikanten IJsbrands Staats zurück.

Typische niederländische Brücke vor dem Frans-Hals-Museum.

**** Grote Markt ❸**. Der Mittelpunkt des historischen Stadtkerns wird von repräsentativen Bauwerken des ausgehenden Mittelalters und der Renaissance eingefaßt. Das *** Raadhuis ❹** steht an der Stelle, wo mit der Pfalz der Grafen die Geschichte der Stadt begann. Der gotische Bau war im Verlauf der Zeit mancher Veränderung unterworfen. So schwebt im linken Teil unter einem schweren Zinnenkranz eine zierliche Renaissance-Loggia.

Sehenswert ist im ersten Stock der *Grafensaal* mit wuchtiger Balkendecke.

*** Grote oder St. Bavokerk ❺**. Die spätgotische Kreuzbasilika, gekrönt von einem 80 m hohen schlanken Turm, ist das auffallendste Bauwerk der Stadt. Die Kirche wurde über dem Grab des hl. Bavo errichtet. Beigesetzt wurde hier auch der Maler Frans Hals. Der Großteil der Innenausstattung, wie die Zedernholzdecke des Hauptschiffs, stammen aus der Zeit vor der Reformation. Berühmt ist die Orgel, die 1738 von Christian Müller gebaut wurde. Musiker wie Händel, Mozart, Schubert, Liszt und auch Albert Schweitzer spielten das Instrument mit seinen 5000 Pfeifen. Orgelkonzerte finden jeden Dienstagabend zwischen Mai und Oktober statt.

Vleeshal ❻. Das Zunfthaus der Fleischer im Stil der Renaissance wird heute für Ausstellungen moderner Kunst genutzt. Noch hat Haarlem seine Oasen der Stille, die Hofjes (s. S. 36): Wohnungen für ältere Menschen, deren Häuschen sich um einen Innenhof mit gepflegten Blumen gruppieren. Das **Hofje van Bakenes ❼** in der Wijde Appelaarsteeg ist ein weiteres Beispiel.

**** Teylers Museum ❽**. Das älteste und kurioseste Museum (Sparne 16, ◷ Di bis Sa 10–17 Uhr, So 13–17 Uhr) des Landes wurde von dem wohlhabenden Tuchhändler Pierre Teyler von der Hulst 1778 gegründet. Wichtiger Bestandteil des Museums sind nicht nur die 2000 Zeichnungen umfassende ** Sammlung der Königin Christine von Schweden* mit Werken von Raffael, Michelangelo, Goltzius und anderen Künstlern, sondern auch ein repräsentativer Querschnitt durch die Werke der Haager Schule (Isaac, Israels, Koekkoek, Schelfhout) sowie eine nahezu vollständige Sammlung von Zeichnungen neben Gemälden alter niederländischer Meister, u. a. von Rembrandt.

Darüber hinaus repräsentiert es Kunst und Wissenschaft des 18. Jhs. in einer selten gelungenen Mischung. Gezeigt wird eine umfangreiche Sammlung von Fossilien, aber auch physikalischer Instrumente des 18. und 19. Jhs.

**** Frans-Hals-Museum ❾**, Groot Heiligland 62 (◷ Mo–Sa 11–17 Uhr, So 13–17 Uhr). Im ehemaligen Altersheim und Waisenhaus wurde dem Wegbereiter der niederländischen Malerei ein

Haarlem und seine Maler

Bevor Frans Hals in Haarlem mit dem Eintritt in die Lukasgilde 1610 seine Laufbahn als Maler begann, hatten schon zwei Künstler den guten Ruf der Stadt begründet. Jan van Scorel arbeitete wie sein Lehrling Marten van Heemskerck in der ersten Hälfte des 16. Jhs. in Haarlem. Die Porträts der Schützen machten Frans Hals schlagartig weit über Haarlems Grenzen hinaus bekannt. Seine Porträts bezeugten seine ungeheuere Beobachtungsgabe, die ihn schon zu Lebzeiten zu einem der wichtigsten europäischen Maler auf diesem Gebiet werden ließen. Und Künstler wie van Gogh zeigten sich noch Jahrhunderte später von der Art der Darstellung beeindruckt. Zu seinen begabtesten Schülern zählte eine Frau: Judith Leyster (1609–1660). Ihr gelang es, den persönlichen Stil des Meisters perfekt nachzuahmen.

intimes und zugleich bedeutendes Museum gewidmet. Einen besonderen Platz nimmt der eindrucksvolle Zyklus der acht Schützen- und Regentenporträts ein. Außerdem sind in den herrlichen Räumen Werke weiterer großer Maler sehen: Jan van Scorel, Marten van Heemskerck, Pieter Claesz, Jacob van Ruysdael und Adrian van Ostade.

ℹ VVV Haarlem, Stationsplein 1, NL-2011 LR Haarlem, ☎ 319059, FAX 340537.

Zug: Amsterdam – Den Haag.

Hotel: **Raeckse,** Raaks 1–3, ☎ 326629, etwas altmodisches Familienhotel im Zentrum der Stadt. (S)

❶ Bahnhof
❷ Hofje van Staats
❸ Grote Markt
❹ Raadhuis
❺ Grote oder St. Bavokerk
❻ Vleeshal
❼ Hofje van Bakenes
❽ Teylers Museum
❾ Frans-Hals-Museum

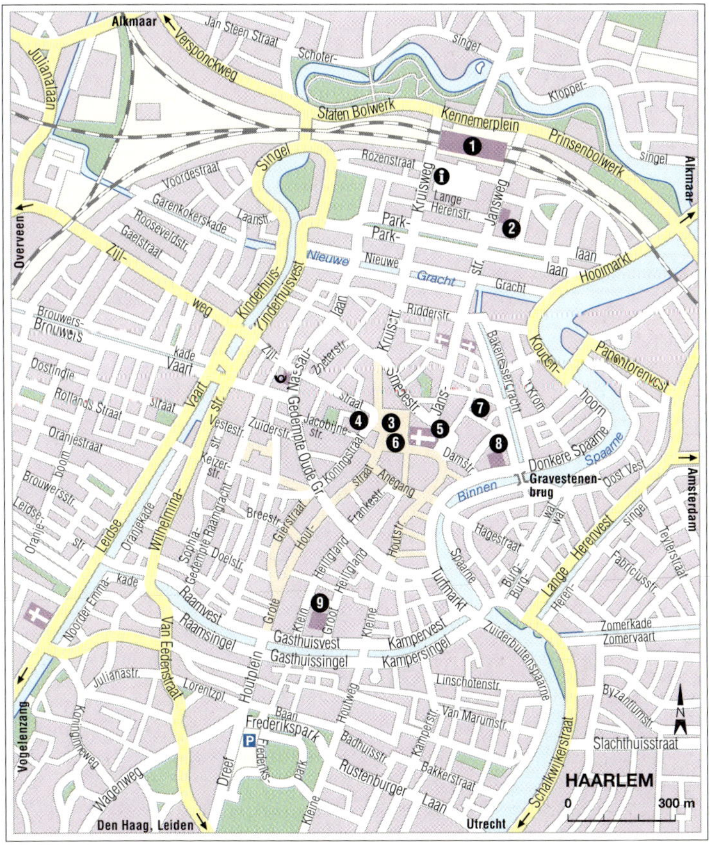

*Leiden

Wo Monarchen studieren

Noch heute gehört die Universität, an der der Philosoph René Descartes lehrte, zu den renommiertesten des Landes. Königin Beatrix studierte hier und jetzt der Thronfolger Willem-Alexander. Aus Leiden (120000 Einw.) kommen so bekannte Maler wie Lucas van Leyden, Jan Steen und Rembrandt van Rijn. Nach dem bekanntesten Sohn der Stadt wurde auch ein ausgeschilderter Spazierweg benannt, der am Bahnhof beginnt und am Rembrandtpark endet.

Stadtgeschichte

Schon 1266 erhielt Leiden die Stadtrechte, wurde wohlhabend und während des 80jährigen Krieges zweimal von den Spaniern belagert. Wilhelm von Oranien, der Stammvater des Königshauses, befreite die vom Hunger bedrohte Stadt während der spanischen Belagerung, indem er die Deiche durchstechen ließ. Auf den durchbrechenden Fluten segelten anschließend die Befreier bis vor die Tore der Stadt. Noch heute wird alljährlich am 3. Oktober die Befreiung der Stadt mit Hering und Brot gefeiert, jenen Grundnahrungsmitteln, die die niederländischen Rebellen der hungernden Bevölkerung mitbrachten. Als Dank für ihren Widerstand konnten die Einwohner zwischen Steuerfreiheit und einer Universität wählen. Man entschied sich 1575 für die Hochschule. Nachdem in den 60er Jahren unseres Jahrhunderts Grachten zugeschüttet wurden, konnte dies gerade noch rechtzeitig gestoppt werden.

Heute überspannen wieder 200 Brükken die Kanäle der Stadt am Oude Rijn, die inzwischen auch wieder per Boot zu erkunden ist.

Stadtbesichtigung

Zu Beginn der Stadtwanderung steht der ***Panoramablick** auf Leiden von der Plattform der **Windmühle De Valk** ❶, einer Getreidemühle aus dem Jahr 1743 (Binnenvestgracht 1a, 🕓 Di–Sa 10–17 Uhr, Sa, So 12–17 Uhr).

****Stedelijk Museum De Lakenhal** ❷ (Oude Singel 32, 🕓 Di–Sa 12–17 Uhr). In dem Museum in der ehemaligen Tuchhalle aus dem 17. Jh. werden neben Sammlungen zur Stadtgeschichte Gemälde von Rembrandt, Steen und van Goyen gezeigt. Berühmtestes Bild ist das Triptychon von Lucas van Leyden „Das Jüngste Gericht“ (1527).

Die ***Waag** ❸ am Aalmarkt gilt als ein besonders gelungenes Beispiel der Renaissance niederländischer Prägung. Das älteste Gebäude der Stadt ist die ***Burg** ❹. Die Verteidigungsanlage lag ursprünglich auf einer Rheininsel. Nachweislich bestand die Ringmauer schon im Jahr 1150.

St. Pieterskerk ❺. Eine Tafel erinnert an die Pilgerväter, die 1608 vor der Verfolgung durch den englischen König Jacob I. im toleranten Leiden eine Zuflucht fanden. Viele von ihnen wanderten dann 1620 nach Amerika aus.

Das Haus mit den rot-weißen Fensterläden gegenüber ist das frühere Gefängnis **Gravensteen** ❻, heute juristische Fakultät der Universität. Das **Jan Pesijnshofje** ❼, Kloksteeg 21, ist eins der 35 Hofjes von Leiden. Ein Gedenkstein erinnert daran, daß hier John Robinson, einer der führenden Köpfe der Pilgrim Fathers, gewohnt hat. **Hortus Botanicus** ❽ (Rapenburg 73, 🕓 tgl. 10 bis 17 Uhr). Die ältesten botanischen Gärten der Erde wurden von Charles de L'Ecluse, besser bekannt unter seinem Gelehrtennamen Clusius, angelegt.

****Rapenburg** ❾. An dieser Gracht wohnt seit dem 17. Jh. der Geldadel von Leiden. Neben dem alten Universitätsgebäude sind es vor allem die Häuser an der Westseite, deren Bewohner durch prächtige Fassaden ihrem Wohlstand und Bürgerstolz gleichermaßen Ausdruck verliehen.

ℹ VVV Leiden, Stationsplein 210, NL-2312 AR Leiden, ☎ 146846, 📠 125318.
🚆 Den Haag – Haarlem/Amsterdam.

🏨 **Holiday Inn Leiden**, Haagse Schouwweg 10, NL-2332 KG Leiden, ☎ 355555, günstig gelegen für Ausflüge nach Den Haag, Amsterdam und zum Nordseestrand. $$
Nieuw Minerva, Boommarkt 23, NL-2311 EA Leiden, ☎ 126358, gemütliches Hotel direkt an der Gracht, gutes Essen. $
Ⓡ **De Beukenhof**, Terweeg 2, NL-2341 CR Leiden, ☎ 173188. Das Restaurant auf dem Weg nach Oegsteest ist bekannt für seine Gänseleberpastete. $$

Die Stadt wirkt an manchen Stellen wie ein Freilichtmuseum.

1. De Valk, Windmühle
2. Stedelijk Museum de Lakenhal
3. Waag
4. Burg
5. St. Pieterskerk
6. Gravensteen
7. Jan Pesijnshofje
8. Hortus Botanicus
9. Rapenburg

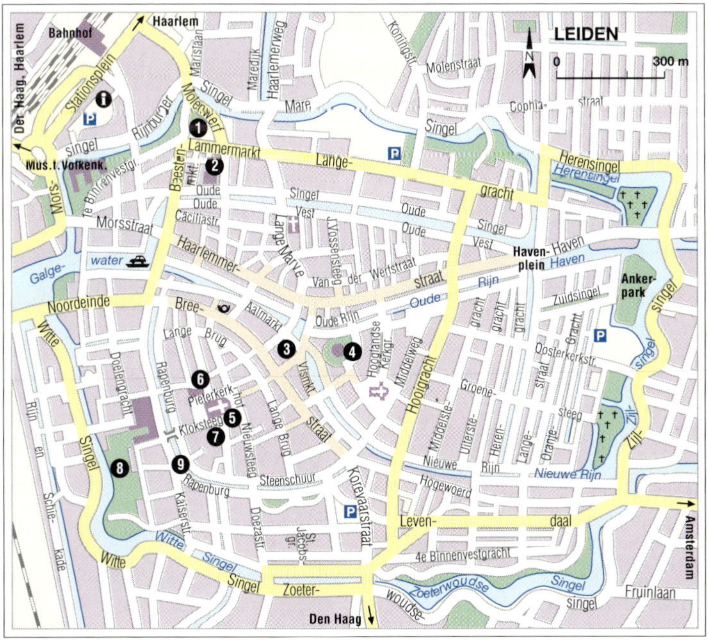

**Delft

Die Stadt als Farbe

Das historische Herz von Delft (90 000 Einw.) schlägt an der Gracht Oude Delft. Alles in allem gleicht die Stadt mit ihren aneinandergereihten Giebelhäusern, den Hofjes, den Kirchen und nicht zuletzt der Residenz der Oranier, dem Prinsenhof, einem Freilichtmuseum, vor dessen Hintergrund sich nur die Menschen in den falschen Kostümen bewegen.

Geschichte

Nachdem die Schiffe der Ostindischen Kompagnie zu Beginn des 17. Jhs. chinesisches Porzellan mit nach Hause brachten, versuchte man in Makkum, Utrecht, Haarlem und eben Delft, das Porzellan zu imitieren. In Delft gelang dies am besten.

Schon 1246 hatte Delft die Stadtrechte erhalten, wurde 1536 bei einem Großbrand fast völlig verwüstet und war danach die Residenz der Statthalter aus dem Hause Oranien. Wilhelm von Oranien residierte im Prinsenhof und wurde dort 1584 ermordet. Die Kugeleinschläge sind durch Glas geschützt noch immer zu besichtigen. Auch die Maler machten die alte Handelsstadt berühmt. Einer ihrer bekanntesten Vertreter war Jan Vermeer (1632–1675). Sein Bild „Ansicht von Delft" – zu sehen im Mauritshuis in Den Haag – zeigt den Blick auf seine Geburtsstadt beim östlichen Stadttor, dem **Oostpoort ❶**.

Stadtbesichtigung

***Markt.** Es gibt nicht wenige, die behaupten, er sei der schönste Platz im Land. Donnerstags ist Markttag, und von April bis September kann man mit etwas Glück samstags auf dem Flohmarkt ein Schnäppchen machen. Neben einer Vielzahl von Cafés dominieren die Souvenirläden, mit „Delfter Blau" in den Regalen im Schatten des 109 m hohen Turms der ***Nieuwe Kerk ❷**. In der nicht zugänglichen Gruft werden die Angehörigen des niederländischen Königshauses bestattet, so auch unter einem monumentalen ****Renaissance-Prunkgrab** Wilhelms von Oranien. Im Turm hängt eins der berühmten Carillons des Amsterdamer Glockengießers Hemony.

***Stadhuis ❸**. Unter Einbeziehung des gotischen Turms wurde dieser Renaissancebau nach Plänen von Hendrick de Keyser über mittelalterlichem Fundament errichtet. Es schließt den weiten Platz ab, der von wunderschönen Patrizierhäusern eingerahmt wird.

Gleich hinter dem Rathaus steht die alte *Waag*. Die **Vleeshal ❹**, heute ein Theater, weist ihre ursprüngliche Bestimmung als Fleischhalle durch zwei Ochsenköpfe am Giebel aus. Auf dem **Vismarkt** wird seit 1342 fangfrischer Fisch verkauft. ****Oude Delft** ist ein altes Wohngebiet im Zentrum der Stadt, eingegrenzt von den Grachten *Oude Delft, Voorstraat, Hypolytusbuurt* und *Koornmarkt*. Die ***Oude Kerk ❺** an der Ecke Oude Delft/Heiliggeestkerkhof ist die älteste Pfarrkirche der Stadt. In der

Hofjes

Die Wohnhöfe wurden erstmals im 12. Jh. in den südlichen Niederlanden, dem heutigen Flandern, erwähnt. Ihre Bewohnerinnen waren Laienschwestern, die sich Beginen nannten.

Hofje van Gratie (Van der Mastenstraat 26), ein aus sieben Häuschen bestehendes Damenstift, **Klaeuws Hofje** (Oranje Plantage 58–77), **Hofje van Pauw** (Paardenmarkt 54–62) und das **Begijnhofje** (Beginhof 21) mit einer katholischen barocken Geheimkirche.

romanischen Kirche wurden Admiral Piet Hein und der Seefahrer Maarten Tromp beigesetzt.

***Prinsenhof** ❻. Als Kloster St. Agatha um 1400 erbaut, war es zu Zeiten des Freiheitskampfes unter Führung von Wilhelm von Oranien das Zentrum des Widerstandes.

Heute ist es so etwas wie ein nationales Monument: In der sog. *Moordhal* (Saal 8) wurde am 10. Juli 1584 der Stammvater des niederländischen Königshauses ermordet.

Rijksmuseum Lambert van Meerten ❼, Oude Delft 199. Es ist mit Möbeln aus der Renaissance ausgestattet. Es handelt sich um die Hinterlassenschaft eines reichen Fabrikanten und Kunstsammlers aus der zweiten Hälfte des vorigen Jahrhunderts.

ℹ VVV Delft, Markt 85, NL-2611 GS Delft, ☎ 126100, FAX 158695.
Zug: Den Haag–Rotterdam.
Ⓗ **Grand Hotel Les Compagnons,** Voldersgracht 17–18, NL-2611 GS Delft, ☎ 140102, an einer ruhigen malerischen Gracht gelegen. ($$)
Delft Museum Hotel, Oude Delft 189, NL-2611 HD Delft, ☎ 140930, befindet sich in einem alten Packhaus aus dem 17. Jh. ($$)
Ⓡ **De Zwetheul,** Rotterdamseweg 480, ☎ 470466, ein sehr gemütliches Restaurant auf dem Weg nach Rotterdam. ($)

Königliche Porzellanmanufaktur.

Der Oostpoort.

❶ Oostpoort
❷ Nieuwe Kerk
❸ Stadhuis
❹ Vleeshal
❺ Oude Kerk
❻ Prinsenhof
❼ Rijksmuseum Lambert van Meerten

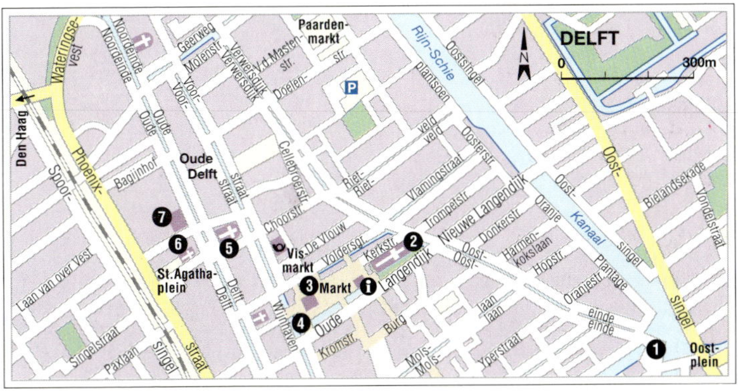

Route 1

Kontrastprogramm im Nordosten

Die Provinz Groningen (197 km)

Groningen, das ist nicht nur die gleichnamige pulsierende Universitäts- und Provinzhauptstadt und sonst nichts! Nach Groningen in der nordöstlichen Ecke der Niederlande fahren selten volle Touristenbusse. Die sprichwörtlichen Uhren schlagen in den kleinen, alten Dörfern zumindest hin und wieder mit einiger Verzögerung. Geboten wird ein landschaftliches Kontrastprogramm: Besteht die Gegend zwischen Eems und Dollard eher aus einer Mischung von Industrie und hartnäckig bewahrter Naturlandschaft, so entspricht das sog. Oldambt schon eher dem gängigen Hollandklischee. Das Vieh steht auf den Weiden, nur die dazugehörigen Bauernhöfe könnten glatt mit Herrensitzen verwechselt werden. In den kleinen, stillen Dörfern hat man die mal romanischen, dann wieder gotischen Kirchen so gut wie immer auf eine Anhöhe gesetzt, die hier Wierde genannt wird. Im untouristischen Südosten liegen Wald und Venn, an das sich nach Groningen zu die Moorkolonien anschließen. **(Karte s. S. 44–45.)**

***Bourtange** (1200 Einw.). Das idyllische Festungsstädtchen in unmittelbarer Nähe zur deutschen Grenze, auf der Höhe von Papenburg, verführt zum Bummeln. Tore und Brücken, Kasematten und Bastionen widerstanden seit ihrem Bau im 16. Jh. jedem Angreifer. Die Bausubstanz wurde sorgfältig restauriert, und so sind die gemütlichen Häuser der Garnisonsstadt wieder bewohnt. In der früheren *Synagoge* ist ein kleines Museum eingerichtet.

Wer jetzt dem sechseckigen Schildern der Westerwolde-Hümmlingroute des ANWB folgt, fährt durch so hübsche Dörfer wie **Onstwedde** oder **Blijham** mit Oldambter Bauernhöfen, deren Wohnhaus und Scheune von einem einzigen Dach geschützt sind und deren Türen oft kunstvoll gearbeitete Rahmen zeigen.

Winschoten (21000 Einw.). Der Industrieort lebt unter anderem von der Salzgewinnung. Günstig an der Durchgangsstraße nach Leer und Ostfriesland gelegen, entstand hier ein Umschlagplatz für den Vieh- und Getreidehandel. Drei Mühlen stehen noch, die im *Grintweg* ist in Betrieb und zu besichtigen. **Midwolda** ist ebenfalls eines der typischen Oldambter Dörfer. **Delfzijl**, heute die drittgrößte Hafenstadt des Landes, war während des 80jährigen Freiheitskrieges eine wichtige Festung. Machte der Ort infolge der Erdgasvorkommen eine industrielle Entwicklung durch, blieb **Appingedam** (13000 Einw.), davon unberührt.

Mit seinem historischen Stadtkern rund um die *Nicolaikerk* (13. Jh.) bietet sich der Ort als Ausgangspunkt für Ausflüge in die Umgebung an.

Sehenswert auch das Wierdedorf **Loppersum.** Imposant die **Kirche* in spätgotischem Stil mit gut erhaltenen Gewölbemalereien; die Kornmühle „Stormvogel" ist noch in Betrieb. Auch in **Stedum** verdient die romanisch-gotische **Kirche* einen Besuch. Besonders Orgel und Kanzel aus dem 17. Jh. sind zu beachten. Die **Menkemaburg** in der Nähe von **Uithuizen** kann besichtigt werden. Hauptattraktion ist nicht die Burg selbst, sondern der Rosengarten – vor allem im Juli/August.

Middelstum (2800 Einw.) inmitten einer Landschaft, die von zahlreichen Wasseradern durchzogen ist, über die sich kleine Brücken schwingen, lockt mit seinen Burgen, von denen zumindest die Parkanlagen zugänglich sind. In der *Kirche* fallen die reich geschnitzte Kanzel und eine ebenso kunstvoll gearbeitete Herrenbank auf.

Winsum (5800 Einw.). Drei Wierdedörfer wuchsen hier zusammen. Schon von weitem grüßen Kirchtürme und Mühlen, deren älteste 1758 gebaut wurde. – Auf eine lange Geschichte kann **Ezinge** zurückblicken. Funde beweisen eine Besiedelung um 220 v. Chr.

***Groningen** (168000 Einw.). Als „Paris des Nordens" bezeichnet sich die pulsierende Universitätsstadt nur allzu gern. Typisch sind für die fünftgrößte Stadt des Landes logischerweise die vielen Studenten im Straßenbild. Auffallend sind ebenfalls die vielen Kneipen. Das Nachtleben um *Grote Markt*, *Peperstraat* und *Kromme Elleboog* im Zentrum beginnt kurz vor Mitternacht.

Paravents als Sichtschutz.

Groningen – das ist aber inzwischen auch pulsierendes Geschäftsleben: Die niederländische Postzentrale hat in der Provinzhauptstadt ihren Sitz und, noch bedeutsamer, die *gasunie*. Die Herren über die großen Erdgasvorkommen, die das Land weit über die Jahrtausendwende energiepolitisch autark machen, haben Anfang der 90er Jahre an der südlichen Umgehung ihren Hauptsitz errichtet. Das von Königin Beatrix eingeweihte Gebäude läßt sogar den altehrwürdigen *Martiniturm* in den Hintergrund rücken, der seit dem 15. Jh. Wahrzeichen der Stadt ist. „De olle Grieze", wie der 97 m hohe Turm im Volksmund auch genannt wird, bietet die beste Aussicht aufs Umland und das Stadtzentrum von Groningen (Di bis Sa, 12–16.30 Uhr, Ostern bis Ende Okt.). Treff ist das Café in der ehemaligen Küsterwohnung am Martiniturm.

Altniederländische Wohnstube mit einem Alkoven.

Ⓗ **Doelen**, Grote Markt 36, NL-9711 LV Groningen, ☏ 127041, 📠 146112. Wer mitten in Groningen übernachten will, bucht hier. Ⓢ
Bastion Hotel, Bornholmstraat 99, NL-9723 AW Groningen, ☏ 414977, 📠 413012. Ⓢ

Gemütliche Fahrt mit einem einfachen Hausboot.

Route 2

2

Fremde im eigenen Land

Die Provinz Friesland (186 km)

Wenn es anfängt zu frieren, dann tauen die vermeintlich so sturen Friesen der Niederlande auf. Vollkommen aus dem Häuschen geraten die Bewohner der östlich vom IJsselmeer gelegenen Provinz jedoch dann, wenn die Seen und Kanäle von einer dicken Eisschicht bedeckt sind, die den Elfstedentocht ermöglicht – jenen legendären Schlittschuhmarathon über 200 Kilometer, vorbei an den elf friesischen Städten.

Mehr als 15000 Läufer sind am Start, wenn die Strecke freigegeben wird. Mehr als eine Million Menschen stehen am Rand, sehen zu, jubeln und feuern die Läufer an. Und wer nicht dabei sein kann, sitzt vor dem Fernseher und verfolgt die Live-Übertragung von morgens fünf Uhr bis um Mitternacht, wenn die letzten Läufer das Ziel er-reichen. Elfstedentocht – das ist das winterliche Friesland, aber während der Sommersaison erwartet den Urlauber ein Wassersportparadies par excellence, in das die Niederländer gerne selbst fahren, um der Großstadthektik zu entfliehen und in der Ruhe der friesischen Abgeschiedenheit stille Tage zu verbringen. (Karte s. S. 44–45.)

Zweifellos sind die Friesen die eigenwilligsten und besonders traditionsbewußten Bewohner der Niederlande. Von 600000 Einwohnern spricht etwa jeder zweite im Alltag Friesisch. In den ersten zwei Schuljahren wird der Unterricht in dieser Sprache erteilt, die mit dem Englischen und den skandinavischen Sprachen verwandt ist. Die Besiedlung dieser nördlichen, besonders tief gelegenen Provinz muß um 500 v. Chr. mit der künstlichen Aufschüttung von Wohnhügeln begonnen haben. Noch im 1. Jh. n. Chr. berichtet Plinius von jenem „unglücklichen Volk" in einem Land, von dem man nicht wisse, ob es Erde oder Ozean sei.

Surhuisterveen (10300 Einw.) im Nordosten der Provinz ist der Ausgangspunkt. Absolut untypisch für die Gegend ist der wie ein spitzer Hut geformte Kirchturm der *Dorfkirche* (14 Jh.) aus Backstein.

Veenklooster. Das Dorf entwickelte sich im Schatten der Klostermauern von De Olijfberg. Schildtragende Löwen bewachen mit bärbeißiger Miene die Freitreppe zum Gut *Fogelsangh State* (17. Jh.), das heute als Nebenstelle des Friesischen Museums in Leeuwarden u. a. mit seiner Spielzeugsammlung lockt. (🕓 Di–Sa 10–12, 13–17 Uhr, So 13–17 Uhr.)

Kollum (4800 Einw.). Äußeres Zeichen eines durch Handel und Schiffahrt erworbenen Reichtums sind dekorative Giebelhäuser und das stattliche *Raadhuis* in Backstein-Empire. Die *Kirche* aus dem 15. Jh. hat ihren um 300 Jahre älteren Turm behalten. Interessante Details der Innenausstattung sind eine Herrenbank (17. Jh.), eine Kanzel sowie Gewölbe- und Wandmalereien.

* **Dokkum** (11500 Einw.) war einst Sitz der friesischen Admiralität und Festungsstadt am *Dokkumer Diep*. Heute ermuntert der Ort mit seinen Parks auf Wällen und Bastionen, den Windmühlen und den sich in Grachten spiegelnden bunten Gärten zum Verweilen. Hügelauf und -ab geht's in den Gassen: Dokkum ist auf zwei Hügeln, Terpen genannt, gebaut. Es lohnt sich, das *Raadhuis* mit einem Sitzungssaal im Rokkokostil anzuschauen. Auch sollten *Waage* und der Renaissancebau des *Het Admiraliteitshuis* (Diepswal 2) beim Rundgang nicht fehlen. Das Haus der Admiralität ist nun ein Museum. Gezeigt wird friesische Volkskunst, aber man erfährt, daß der vorgeschichtliche

Friese auf Knochen Schlittschuh lief. (© Mo–Sa 10–17 Uhr, 1.Okt.–1.April Mo–Sa 14–17 Uhr.)

Der Schlittschuhmarathon „Elfstedentocht“ ist 200 km lang.

Hoogebeintum (129 Einw.). Jetzt kommt der kunstinteressierte Reisende auf seine Kosten: Auf der mit ihren 12 m höchsten *Terpe* der Provinz steht eine kleine romanische Tuffsteinkirche. Die eigentliche Attraktion ist die Ausstattung des Innenraums. Pfarrer und Küster gibt es nicht mehr im Dorf, doch den Schlüssel kann man sich in einem Bauernhaus (Hinweis!) holen. Unter dem Tonnengewölbe hängen 15 prachtvolle *Rouwborden*. Auf diesen Totentafeln wurde der Gemeinde der Name eines Verstorbenen mitgeteilt. Sie stammen aus der Zeit von 1689 bis 1906 und sind sowohl mit Todessymbolen als auch mit Wappenschilden geschmückt.

Kanzel in der St. Martinuskerk in Dokkum.

***Leeuwarden** (8500 Einw.). Kleinstädtische Grachtengemütlichkeit empfängt den Besucher im Verwaltungssitz der Provinz. Die Stadt ist im Mittelalter aus drei Terpen zusammengewachsen und zu einem großen Teil noch von ihren Bastionen umgeben. Im alten Stadtgraben, *Stadsgracht*, liegen Sportboote vor Anker.

Dokkum hoch oben im Norden liegt hinter dicken Mauern.

Justizpalast, Raadhuis und das Renaissancegebäude der *Kanselarij* (Kanzlei, Turfmarkt) lohnen die Besichtigung. Einen herausragenden Ruf genießt das ****Museum Het Princessehof** (Grote Kerkstraat 9–15). Im Wohnsitz der Maria Louise von Hessen-Kassel (1731–1765) kann die bedeutendste Porzellan- und Fayencensammlung der Niederlande angeschaut werden.

Das *Fries Museum* (Turfmarkt 24) befaßt sich mit der Darstellung des künstlerischen Schaffens in der Provinz. Auf der *Korfmakerspijp* wurde der Tänzerin und angeblichen Spionin Mata Hari (1876-1917) ein Denkmal gesetzt.

In der *Jacobijnerkerk* (Grote Kerkstraat) gegenüber sind die Reste eines Kreuzgangs (15.Jh.) zu sehen. In der Nähe öffnet sich das Hofje *Boshuisen Gasthuis*.

VVV, Stationsplein 1, NL-8911 AC Leeuwarden, ☎ 132224.
Harlingen – Groningen.
Rundfahrt auf den Friesischen Seen.
Oranje-Hotel, Stationsweg 4, ☎ 126241, FAX 121441, Luxushotel der Bilderberg-Gruppe direkt gegenüber dem Bahnhof. $$
Euro-Hotel, Europaplein 20, ☎ 131113, FAX 125927, komfortables Hotel mit guter Küche, am Stadtrand von Leeuwarden. $$
De Pauw, Stationsweg 10, ☎ 123651. Hier fühlt man sich zu Hause, Bar und Billardtisch lassen niederländische Gemütlichkeit aufkommen. $
Zwei gute Adressen sind die Restaurants **De Mulderij**, Baljeestraat 19, ☎ 134802, mit französischer Küche, sowie das nach dem Prediger und Schriftsteller **Piet Paaltjens** benannte Restaurant, Uniabuurt 12, ☎ 123008. Koch Klaas Kasma ist jede Woche in der Tageszeitung *Leeuwarder Courant* mit einem seiner vielen Rezepte vertreten. $$

Marssum. Das **Popta-Schloß* bewohnte im 17.Jh. ein Rechtsanwalt. Es wird erzählt, daß er sich seine Beratungen bar in klingender Münze bezahlen ließ. Seine Klienten mußten die Geldstücke auf die Marmorplatte des Zahltisches werfen. Am Klang der Münze konnte er ihre Echtheit prüfen. (1. April bis Ende Sept. Mo–Fr Führungen um 11, 14 und 15 Uhr). Das dazugehörige Popta-Gasthuis ist ein Stift aus dem 18.Jh. mit 12 Zimmern.

Wesentlich bescheidener gibt sich das Armenhaus von **Menaldum.** Einige alte Bauernhöfe haben noch die „Leichentür". Sie wurde nur geöffnet, wenn der alte Bauer als Toter seinen Hof verließ bzw. die Jungen als Brautpaar Einzug hielten.

****Franeker** (21000 Einw.). Hier gehört das ***Planetarium* (Eise Eisingastraat 3) zum Pflichtprogramm. Der Wollkämmerer und Tüftler Eise Eisinga baute sich in der zweiten Hälfte des 18.Jhs. im Hinterhaus ein noch heute perfekt funktionierendes Modell des Planetensystems. Noch immer hängen die Gewichte vom Dachstuhl bis in die Speisekammer der Frau Eisinga hinunter. Ihre Rechte auf den Alkoven hingegen konnte sie erfolgreich verteidigen. Eise mußte auf einen Sekundenzeiger verzichten, weil dessen Pendel sonst über Frau Pietjes Kopf gebaumelt hätte.

Die kleine Grachtenstadt besaß zwischen 1585 und 1811 nach Leiden die zweitwichtigste Universität und war damit ein kulturelles Zentrum des Landes. 1811 ließ Napoleon die Universität schließen.

Neben sehr schönen *Professorenhäusern* und dem reizenden *Korendragershuis* (Kornträgerhaus, Eisingastraat) verdient die älteste noch erhaltene Studentenherberge der Niederlande, *De Bogt fen Guné* (Vijverstraat1), einen Blick.

In **Sexbierum**, nordwestlich von Franeker, löste das Technologie-Zentrum *Aeolus* mit der weithin sichtbaren 21m hohen gläsernen Pyramide das frühere Energie-Informationszentrum ab.

Seit 1993/94 ist es vor allem für Kinder spannend, auf technologische Entdekkungsreise zu gehen.

***Harlingen** (15600 Einw.) ist nicht nur Ausgangspunkt für Überfahrten zu den Inseln *Vlieland* und *Terschelling* (s.S. 88 f.), sondern lädt mit seinen 500 *Giebelhäusern* aus dem 17. bis 19.Jh. zu Spaziergängen an den stillen Grachten ein. Die um 800 gegründete Normannensiedlung spielte später eine Rolle beim Walfischfang um Grönland. Im Gemeindemuseum *Hannemahuis*, einem im 18. Jh. für die Kaufmannsfamilie Hannema erbauten Herrenhaus, wird u.a. die maritime Geschichte von Harlingen dargestellt, aber auch Leben und Werk von Simon Vestdjik (1898 bis 1971). Harlingen ist die Geburtsstadt von Vestdijk, einem der bedeutendsten niederländischen Schriftsteller des 20. Jhs. (🕓 Juli bis Mitte Sept. Di–Sa 10–17 Uhr, April–Juni und Mitte Sept. bis Ende Okt. Mo–Fr 13.30–17 Uhr.)

Historische Windmühle am Jachthafen von Sloten.

****Bolsward** (9900 Einw.) ist eine alte Hansestadt mit Grachten und Bollwerken. Die hohen Fenster im Chor der mächtigen gotischen *Grote Kerk* leuchten das Kirchenschiff hell aus. Interesse verdienen die Gewölbemalereien mit Szenen aus dem Marienleben sowie die hohe Qualität des reichen Schnitzwerks der Chorbänke. Bürgerstolz präsentiert sich im ***Raadhuis*, einem Monument nordniederländischer Renaissance.

***Allingawier** (97 Einw.). Gleich das halbe Dorf wurde samt einer der beiden Kirchen zum lebendigen Museum erklärt, obwohl auf den Höfen der bäuerliche Alltag ganz normal abläuft. Demgegenüber kann man im Museumsbauernhof *Aldfaers Erf* eine ganze Menge über das Leben auf dem Lande vergangener Jahrhunderte erfahren. Nach geheimgehaltenen Rezepten wird aus vier Mehlsorten *Drubbelkoeken* gebakken und frisch-knusprig angeboten.

Makkum (3400 Einw.). Das Porzellan der ortsansässigen königlichen Manufaktur (Turfmarkt 55) ist das friesische Gegenstück zu Delft. Ausstellungen im **Aardewerkmuseum De Waag* (Pruikmakershoek 2) zeigen eine Auslese.

Das Wahrzeichen von Sneek ist die Waterpoort.

***Hindeloopen** (11 000 Einw.) ist ein malerisches Städtchen am IJsselmeer. Über den märchenhaften Reichtum früherer Zeiten erfährt der Besucher eine ganze Menge im **Hidde-Nijland-Museum* (Dijkweg 1–3). Kein Gegenstand des täglichen Lebens blieb ohne zusätzliche Schmuckelemente. Bei der Tracht lassen sich Einflüsse aus Ostasien, ehemals wichtige Handelspartner, nicht verleugnen.

2

ROUTEN 1, 2 UND 3
0
10 km
N
NORDSEE
Waddenzee
Ameland
Nes
Hollum
Terschelling
Oosterend
West-Terschelling
Oost-Vlieland
Vlieland
Texel
De Koog
Den Burg
Den Hoorn
Den Helder
Harlingen
Franeker
Menaldum
Dronrijp
Marssum
Stiens
Nieuwe-bildtdijk
Hooge-beintum
Zurich
Wommels
Bolsward
Makkum
Allingawier
Sneek
Workum
Hinde-loopen
Fluessen
Stavoren
Sloten
Lemmer
IJsselmeer
Noordhollandsch kanaal
Schagen
Medemblik
Wervershoof
Enk-huizen
Stede Broec
Heerhugo-waard
Bergen
Bergen a. Zee
Alkmaar
Egmond a. Zee
Heiloo
Hoorn
Hoornse Hop
Noord-Holland
Castricum
Heemskerk
Beverwijk
Purmerend
Edam
Volendam
Amsterdam
Emmeloord
Urk
Kraggen
Nagele
Ketelmeer
Lelystad
Dronten
Flevoland
Amsterdam

Norderney
Juist
Memmert
Norden
Borkum
Rottumerplaat
Rottumeroog
Schiermonnikoog
Eemshaven
Pewsum
Uithuizen
Uithuizermeeden
Kloosterburen
Warffum
Eems
Emden
Lauwersmeer
Kantens
Zoutkamp
Reitdiep
Middelstum
Loppersum
Delfzijl
Dokkum
Winsum
Stedum
Appingedam
Dollard
Termunterzijl
Termunten
Ezinge
Bedum
Eemskanaal
Woldendorp
Kollum
Veenkloster
Oldambt
Siddeburen
Aduard
Van Starkenborghk.
Groningen
Niekerk
Slochteren
Midwolda
Kornhorn
Leer
Surhuisterveen
Leek
Roderwolde
Haren
Hoogezand
Winschoten
Roden
Peize
Drachten
Veendam
Blijham
Zuidlaren
Noorden-veld
Vlagtwedde
Annen
Onstwedde
Bourtange
Gorredijk
Eext
Gieten
Assen
Oosterwolde
Rolde
Stadskanaal
Friesland
Heerenveen
Oldeberkoop
Tjonger-kanaal
Smilde
Hunze
Borger
Schoonloo
Ter Apel
Meppen
Frederiksoord
Diever
Beilen
Orvelte
Oranjekanaal
Hoofdvaart
Dwingeloo
Emmer-Compascuum
Drentse
Noordsleen
Emmen
Sleen
Steenwijk
Havelte
Ruinen
Drenthe
Beulaker Wijde
Hoogeveen
Meppel
Nieuw-Amsterdam
Dalen
Vollenhove
Oud-Schoonebeek
Zuidwolde
Coevorden
Staphorst
Overijssel
Balkbrug
Emlichheim
Vechte
Georgsdorf
Nieuwleusen
Hardenberg
Kampen
Ommen
DEUTSCHLAND
IJssel
Vecht
Veldhausen
Zwolle
Neuenhaus
Uelsen
Nordhorn

***Sloten** (700 Einw.) ist ein charmantes Festungsstädtchen mit einem Jachthafen. Die Attraktion von ***Sneek** (28 500 Einw.). ist das **Raadhuis* aus dem 16. Jh. mit einem Hauch von Koketterie durch einen im 18. Jh. vorgesetzten Rokokogiebel. Mindestens ebenso markant ist das **Waterpoort*, Wahrzeichen der Stadt. Im Sommer bildet es die Kulisse für das traditionelle Plattbodensegeln (Skutsjesilen); im Winter den Hintergrund für die Schlittschuhläufer.

Das *Friesische Schiffahrtsmuseum* (Kleinzand 12, 🕓 Mo–Sa 10–12, 13.30 bis 17 Uhr) beweist anhand von Modellen und Schiffseinrichtungen, daß der Wohlstand Erfolg seriösen Handels in vergangenen Jahrhunderten war. Heute steht in Sneek jedoch vor allem der Wassersporttourismus im Mittelpunkt. Besonders in den Sommermonaten ist die kleine verträumte Stadt nicht wiederzuerkennen.

ℹ VVV, Markstraat 18, NL-8601 CV Sneek, ☎ 14096, FAX 23703.
Ⓗ **De Wijnberg**, Marktstraat 23, ☎ 12241, Hotel zum Wohlfühlen. $$
Ozinga, Lemmerweg 8, ☎ 12216, einfaches Hotel direkt gegenüber dem Wassertor. $
Ⓡ **Hindelooper Kamer**, Oosterdijk 10, ☎ 12756, gutbürgerliche Küche. $$

Schlittschuhmarathon Elfstedentocht

Wer sich im Sommer schon einmal über Flutlicht- und Lautsprechermasten auf Wiesen in Friesland gewundert hat, kann zum Jahresende sehen, wozu sie benötigt werden. Die umliegende Fläche wird geflutet – eine Aufgabe des örtlichen Ijsclubs in Zusammenarbeit mit der Feuerwehr. Schon beim ersten Bodenfrost verwandelt sie sich zu exzellenten Eislaufbahnen für „Kortebaan-wedstrijden“ oder „Schaatsmarathon“; Sprint oder Langstrecke – jeder kommt hier auf seine Kosten. Es ist keine Übertreibung, aber nahezu jede zweite Gemeinde in Friesland verfügt über ein eigenes Eisfeld.

Die Eisvereinigungen treten in Aktion, wenn Kanäle, Grachten und Seen zugefroren sind. „Tourtocht“ heißt dann das Zauberwort – Volksläufe auf Schlittschuhen über 20, 40, 60 oder 100 km. Selbst die großen überregionalen Tageszeitungen wie *Telegraaf, Volkskrant* oder *Algemeen Dagblad* nehmen in diesen Tagen auf der Sportseite einen „Schaatskalender“ mit allen Terminen auf.

Und jedes Jahr die Frage: „Gibt es den Elfstedentocht?“ – Eine berechtigte Frage, denn nicht jedes Jahr sinkt das Thermometer in Friesland so weit unter Null, daß der 200-km-Schlittschuhmarathon möglich wird.

Nur vierzehnmal klappte es in diesem Jahrhundert. Einen Tag vor dem Nationalereignis, das mehr als 1 Mio. Menschen live vor Ort verfolgen und noch einmal 8 Mio. vor dem Fernsehapparat, findet die Einschreibung in die Startlisten statt. Obwohl vom Prinzip her jeder mitmachen darf, gilt: Mitglieder der Vereinigung kommen zuerst dran, was 1985 und 1986 zu einem Aufnahmestopp führte. Der Grund: Mehr als 16 000 dürfen nicht aufs Eis.

Start des Elfstedentocht ist frühmorgens um fünf Uhr in Leeuwarden. Über Sneek, Ijlst, Woudsend und das Slotermeer steht der Kontrollpunkt Sloten auf dem Programm. Irgendwo zwischen Sloten und Balk ist dann die Hälfte der Strecke erreicht. Nach Balk kommen die Läufer in Stavoren am IJsselmeer zum südlichsten Punkt des Rennens. Hindeloopen mit dem Wassertürmchen ist zweifellos der idyllischste Fleck bei diesem Marathon. Mit der Provinzhauptstadt Leeuwarden ist schließlich das Ziel des Rundkurses erreicht.

Route 3

Die Landschaft, die van Gogh begeisterte

Die Provinz Drenthe (202 km)

„Drenthe ist so schön; es zieht mich so sehr an und gefällt mir absolut, so daß ich es – falls ich nicht immer hier sein kann – am liebsten nie gesehen hätte", schrieb Vincent van Gogh, als er 1883 von September bis Dezember in der Provinz war. Ein Jahrhundert später hat sich zwischen Assen, der Provinzhauptstadt im Norden, Meppel und Hoogeveen sowie Emmen, kurz vor der deutsch-niederländischen Grenze, zwar einiges verändert. So wurde 1992 zum letztenmal Torf gestochen – eine Arbeit, die vielen Bewohnern des kargen Landstrichs jahrhundertelang ein Auskommen garantierte. Geblieben ist die Gemächlichkeit: Große Städte gibt es nicht, kleine Dörfer und Einzelgehöfte bestimmen das Landschaftsbild. Die Häuser gruppieren sich um den Brink, einen freien, von Bäumen umgebenen Platz. Typisch sind die weiten Moore, durchzogen von Veenkanälen mit kleinen bescheidenen Häusern, die an frühere Veenkolonienzeiten erinnern, aber auch mit großen Bauernhöfen, die für Drenthe ebenso charakteristisch sind wie die Hünengräber aus frühgeschichtlicher Zeit.

Naturschutz wird großgeschrieben. Mehr als 16 000 ha umfaßt das ausgewiesene Terrain, 2000 ha allein der Nationalpark Dwingelderveld zwischen Dwingeloo, Beilen und Hoogeveen (Karte s. S. 44–45).

Im 2000 ha großen Nationalpark Dwingelderveld.

Im Provinziaal Museum von Assen.

Wenige Kilometer von *Orvelte* entfernt liegt ***Westerbork**. Im Ortsteil *Hooghalen* (an der Eisenbahnstrecke Assen – Beilen) begann für mehr als 100000 niederländische Juden 1942 die Fahrt in die deutschen Vernichtungslager. Ein Dokumentationszentrum (Oosthalen 8, 9414 TG Hooghalen) erinnert an die Judendeportation (🕓 Mo–Fr 10–12, 14–16.30 Uhr, 1. April bis 31. Okt. Sa u. So 13–17 Uhr; am 4. Mai (nationaler Gedenktag): 9.30–19.30 Uhr. Hünengräber liegen verstreut um das Dorf, darunter das 22 m lange *Grote Hunebed*.

Im *Museumsbauernhof* erfährt man eine ganze Menge über das Leben der Dorfbewohner. Immerhin reicht die Chronik dieses Dorfes bis ins 14. Jh. zurück. Eine zusätzliche Ausstellung zum Thema Hünengräber informiert über die Trichterbecherkultur.

ℹ VVV, Grote Brink 2a, NL-9531 AL Borger, ☎ 34855.
🏨 **Hotel Bieze,** Hoofdstraat 21, ☎ 34321. Ein gemütliches, einfaches Hotel, das sich auf Radfahrer und Wanderer eingestellt hat. Gerühmt werden die Wildgerichte des hoteleigenen Restaurants. $$

Auch **Gieten** ist ein typisches Brinkdorf mit dem baumumstandenen Platz. In der Nähe liegt im Wald zwischen **Sekmeer** und **Lunsveen** ein ausgedehntes Erholungsgebiet mit Picknickplätzen und einem Hirtenkamp bei **Papenvoort.**

Freilichtmuseum Orvelte

Wer sich auf Drenthe so richtig einstimmen will, fährt von **Emmen** aus über **Noordsleen** nach Orvelte ins Freilichtmuseum, wo die Vergangenheit fröhliche Urständ feiert. Autos müssen natürlich auf dem Parkplatz abgestellt werden, der Eintritt wird in Form von Zoll (Tol) erhoben. Auf krummen Straßen geht es vom alten Bauernhof zur Schmiede, zum Töpfer oder Holzschuhschnitzer.

Am laufenden Meter Hünengräber zwischen **Eext** und **Annen**. Nur wer sich für Pferde interessiert, dürfte in **Zuidlaren** ein spannendes Ziel sehen. Der Pferdemarkt ist der größte Westeuropas und findet alljährlich am dritten Dienstag im Oktober statt. Für den Urlauber wird bei schönem Wetter ansonsten das nahe **Zuidlaarder Meer** eine größere Attraktion sein.

Peize (4900 Einw.) als nächstes Ziel besitzt besonders schöne behäbige *Bauernhöfe*, die *Kirche* (13. Jh.) steht hier innerhalb der Friedhofsmauern. Leuchtendrot hebt sich die Orgel des berühmten Groninger Orgelbaumeisters Hinsch (1785) von der grün gestrichenen Emporenbrüstung ab.

Wer es nicht allzu eilig hat, macht zwischen *Peize* und *Roden* noch einen Abstecher nach **Roderwolde**. Eine besonders aufwendig restaurierte Kornmühle thront über winzigen Ziegelhäuschen.

Roden (18500 Einw.) ist Naturfreunden als Bleibe zu empfehlen. Die Landschaft ist abwechslungsreich, das Dorf selbst eine im Mittelalter von Mönchen gegründete Moorsiedlung. Auch hier ist die *Kirche* mit einem Instrument des bekannten Orgelbauers Hinsch ausgestattet. Malerisch spiegelt sich der Rittersitz *Huis te Roden of Mensinge* im Wasser. Ein Vergnügen nicht nur für Kinder ist die Spielzeugsammlung des Museums *Kinderwereld* (Brink 31).

ℹ VVV, Brink 31, NL-9301 JK Roden, ☎ 19000.
🏨 **Langewold**, Ceintuurbaan-Noord 1, ☎ 13850, 4-Sterne-Hotel der Golden-Tulip-Kette mit allem Komfort. $$
Hotel Onder de Linden, Brink 27, ☎ 19021, gemütliches, zentral gelegenes Hotel. $

Prähistorische Grabhügel liegen im Naturschutzgebiet **Noordenvel**. Im idyllischen **Norg** bestimmen strohgedeckte Höfe das Dorfbild. Das nahe Friesland macht sich bemerkbar!

Assen (45000 Einw.). Die Hauptstadt der Provinz ist ein wichtiger Knotenpunkt der Binnenschiffahrt ohne überragende Sehenswürdigkeiten. Wer jedoch ein Faible für Antiquitäten hat, wird an kostbaren Interieurs Assener Patrizierhäuser im *Provinciaal Museum* (Brink 1) seine Freude haben. Wer auszog, das Gruseln zu lernen, lernt's bei Moorleichen aus dem Veen, die ebenfalls in diesem Museum ausgestellt sind.

Wenn auch die Verwaltungsbauten der Erdölindustrie das moderne Stadtbild prägen, bleibt Assen letztlich ein Brinkdorf mit vornehmen Akzenten. Beispiele hierfür sind die eleganten Villen, wie z.B. *Haus Overcingel* (Zuidersingel), und der *Justizpalast* (Brinkstraat) mit seiner klassizistischen Fassade.

Das Motorradrennen um den Großen Preis der Niederlande lockt jedes Jahr am letzten Juni-Wochenende Hunderttausende von Fans in die Provinzhauptstadt.

Assen ist außerdem einer der Ausgangsorte für die *Drentse Rijwiel Vierdaagse*, ein viertägiges Treffen, an dem alljährlich im Juli Zehntausende von Radwanderern teilnehmen.

ⓘ VVV, Assen, Brink 42, NL-9401 HV Assen, ☎ 14324, FAX 17306; Stichting Drentse Rijwiel Vierdaagse, Postbus 10010, NL-9400 CA Assen, ☎ 53838.

Ⓗ **Hotel-Café-Restaurant De Jonge**, Brinkstraat 85, NL-9401 HZ Assen, ☎ 12023. Modernes Ambiente, aber dennoch Stimmung und Gemütlichkeit. ⓢ

Ⓡ **Café De Eenhoorn** und **Hotel de Jonge** im Zentrum am Brink sind weit über die Grenzen von Assen hinaus bekannt.

Dwingeloo südlich von Assen hat den vielleicht imposantesten und schönsten Brink in Drenthe. Rittersitze wie **Olde-**

Naturkundemuseum von Emmen: Skelett eines Dinosaurier-Babys.

Wohnzimmer im Provinziaal Museum von Assen.

Typisches Einzelgehöft in Drenthe.

gaerde oder **Westrup** lassen neugierige Blicke durch alte Bäume zu.

Dwingeloo liegt inmitten des **Nationalparks Dwingelderveld**. Spätestens seit dem Roman „Die Entdeckung des Himmels" von Harry Mulisch dürfte auch das * *Planetron* mit Radioteleskop und einem Zeiss-Sternprojektor bekannt sein. Die Besucher können sich mit dem Blick durch die Fernrohre selbst auf Planetensuche machen.

Ⓢ Drift 11 B, ☎ 3535, Anfang April bis Ende Oktober tgl. 10–17.30 Uhr.

3

Diever (3200 Einw.). Das Dorf liegt höchst idyllisch inmitten eines 4000ha großen Naturschutzgebietes in einer hügeligen Heidelandschaft fernab jeglichen Motorenlärms. Im *Schultehuis* am Brink wurde zudem ein Museum für die bäuerliche Wohnkultur eingerichtet.

Im Dorf, das übrigens kein Freilichtmuseum ist, sondern in dem der Alltag gelebt wird, zeigt ein Kunstschmied gern sein Können.

Wer Freude an alten Uhren hat, sollte den Umweg über **Frederiksoord** machen, denn dort ist die Privatsammlung (Majoor van Swietenlaan 17) einer Uhrmacherfamilie zu sehen. Auch dieser Ort ist aus einer Veenkolonie entstanden. Gestiftet von einer der Wohltätigkeit verschriebenen Gesellschaft, entwickelte sich ab 1818 ein für damalige Verhältnisse progressives Werk: Arme aus den Städten wurden aus ihrem Elend herausgeholt und in den kleinen Häusern einquartiert.

Coevorden (13400 Einw.). Das *Kastell* des kleinen Städtchens wurde freilich entmilitarisiert und dient als Rathaus friedlicheren Zwecken. Auf den ehemaligen Wällen entstanden Spazierwege. Von einer sympathischen Bescheidenheit sind die *Giebelhäuser* – bis auf eines in der Friesestraat 9, das einen prunkvoll mit Masken und Muscheln, Obelisken und Gerank geschmückten Renaissancegiebel in den Drenther Himmel reckt. Öl- und Erdgasfunde stimulierten die Wirtschaft.

Das *Schloß* aus dem Jahr 1100 mit dem Wappen von Karl van Egmond, Herzog von Geldern, im Giebel, ist nur während der Öffnungszeiten des Fremdenverkehrsvereins zu besichtigen ('t Kasteel 31, Ⓢ Mai–Sept. Mo–Fr 10–12, 13.30–17 Uhr; Okt.–April Mo–Fr 13.30 bis 17 Uhr, Juli–Aug. Sa 11–15 Uhr).

ℹ VVV, Coevorden, Kasteel 31, NL-7740 AA Coevorden, ☎ 94277.
Ⓗ **Talens**, Sallandsestraat 51, ☎ 16251, nettes Hotel mit guter Küche. Nach dem Essen schmeckt das Schnäpschen (borreltje) am besten am offenen Kamin. Ⓢ

Emmen (95000 Einw.) ist die größte Stadt der Provinz. Chemie-Konzerne und Elektronikfirmen beherrschen den Arbeitsmarkt, Touristen lockt höchstens der tolle ** *Noorder Dierenpark*, (Hoofdstraat 18, Ⓢ tgl. 9–18 Uhr). Einer der schönsten Tiergärten Europas wird jährlich von 1,5Mio. Besuchern aufgesucht. Zu sehen gibt es den Hof van Heden sowie ein Völker- und ein Naturkundemuseum.

Drenthes Vergangenheit wird im * *Nationalen Veenmuseum* im Ortsteil Barger Compascum wach (Berkenrode 4, Ⓢ 15.März bis 31.Okt. tgl. 10–17 Uhr). Dargestellt wird Leben und Arbeit der Menschen im Moor.

ℹ VVV, Raadhuisplein 2, NL-7811 AP Emmen, ☎ 13000, FAX 44106.
Ⓗ **Boerland**, Hoofdstraat 57, ☎ 13746. Komfortables Hotel nahe dem Tierpark in einem umgebauten Bauernhof. Ⓢ
Holland Hotel Ten Cate, Noordbargerstraat 44–48, ☎ 17600. Nicht zu Unrecht bekam dieses Hotel eine Auszeichnung für den hervorragenden Service. Ⓢ

Von Mitte April bis Mitte September findet an jedem Freitag in Alkmaar zwischen 10 und 12 Uhr der berühmte Käsemarkt statt.

KAASMUSEUM

Route 4

4

Moderne und Tradition in einem Boot

Die Provinzen Overijssel und Flevoland (298 km)

Man streitet sich, ob der „Playboy" mit der städtischen Post ausgetragen werden darf, lehnt in erschreckend großem Maße immer noch die Polio-Impfung aus religiösen Gründen ab und sieht den Frieden in der Gemeinschaft gefährdet, wenn die Sonntagsruhe gestört wird. In großen Teilen von Overijssel konterkariert der religiöse Dogmatismus die sprichwörtliche Toleranz der Niederländer. Staphorst, Genemuiden oder IJsselmuiden stehen für Konservativismus im Lande. Die „Meeresprovinz" Flevoland, platt wie eine Flunder, konfrontiert den Besucher auf Schritt und Tritt mit dem erklärten Willen der Niederländer, dem Wasser immer wieder aufs neue Land abzugewinnen. (Karte s. S. 54–55.)

Overijssel mit den Hansestädten Zwolle, Deventer und Kampen sowie den alten Industriestädten Enschede und Hengelo hat sich in den vergangenen zehn Jahren zu einem Technologiezentrum entwickelt.

****Deventer** (67 000 Einw.). Schon im 9. Jh. war Deventer eine blühende Handelsstadt und obendrein Residenz der Bischöfe von Utrecht. Die günstige Lage an der Wasserstraße der IJssel führte zur Mitgliedschaft in der Hanse, die ihre Spuren in zahlreichen schönen und sehenswerten Bauten hinterließ. Die spätgotische Waag am Brink 56 wurde Museum *(Historisch Museum de Waag,* ⏲ Di–Sa 10–17 Uhr, So 14–17 Uhr) und zeigt u.a. Gildensilber und Porzellan in authentisch eingerichteten Räumen. Am Brink 47 (⏲ Di–Sa 10–17 Uhr, So 14–17 Uhr) lohnt sich der Besuch des Spielzeug- und Blechmuseums *(Speelgoed en Blikmuseum,* ⏲ wie oben). In der *Bergstraat* stehen einige schöne alte Häuser, zudem genießt man den malerischen Blick auf die Türme der *Nicolaaskerk.* Sie wurde um 1200 errichtet und später gotisch umgebaut. Unter der spätgotischen St. *Lebuinuskerk* blieb die romanische Krypta des Vorgängerbaus erhalten. Gegenüber steht das *Stadhuis.* Sehenswert allemal der mit Pilastern geschmückte Seitenflügel entlang der Polstraat.

5 km Büchermarkt

Am ersten August-Wochenende findet alljährlich in Deventer am IJsselboulevard der größte niederländische Büchermarkt statt. An fast 1000 Ständen werden auf einer Länge von mehr als 5 km antiquarische Bücher verkauft.

ⓘ VVV, Brink 55, NL-7411 BV Deventer, ☎ 16200.

Ⓗ **Hotel Postiljon,** Deventerweg 121 (A 1, Abfahrt Deventer), ☎ 24022, großes Hotel am Stadtrand. $$

Royal, Brink 94, ☎ 11880, einfach, mitten im Zentrum, ideal zum abendlichen Stadtbummel. $

Zwolle (90 000 Einw.). Der alte Kern innerhalb des Grachtengürtels der Provinzhauptstadt Overijssels wird vom 90 m hohen Turm der dreischiffigen gotischen Hallenkirche *Lieve Vrouwekerk* (Liebfrauenkirche) überragt. Die bedeutendsten Profangebäude der alten Hansestadt sind der Renaissancebau der *Hoofdwacht* (Hauptwache, gegenüber der Nordseite der Grote Kerk) sowie die *Sassenpoort* im Süden der Stadt. Eindrucksvoll dieser Rest der einstigen Stadtbefestigung. Sehenswert auch das *Stadhuis* mit dem respekteinflößenden noblen Schöffensaal (Schepenzaal). Von besonderer Pracht ist am Melkmarkt 41 ein Patrizierhaus aus dem 16. Jh., das nun als *Provinciaal Overijssels Museum* Möbel aus mehreren Jahrhunderten bis zum Jugendstil zeigt.

Giethorn läßt sich im Sommer nur vom Wasser aus erreichen.

ⓘ VVV, Grote Kerkplein 14, NL-8011 PK Zwolle, ☎ 213900.

***Kampen** (30000 Einw.). Heringsfang und die Hanse brachten viel Geld in die Stadt, die sich fotogen am Ufer der IJssel präsentiert. Jenseits des Flusses fällt die weiße *Kornmarktpoort* (Kornmarkttor, 14. Jh.) vor der Stadtsilhouette auf, über der sich die Türme der fünfschiffigen *St. Nikolaaskerk* und der schiefe Turm des *Raadhuis* erheben.

4

Romanische Krypta unter der St. Lebuinuskerk in Deventer.

ⓘ VVV, Postbus 68, NL-8260 AB Kampen, ☎ 13500.
Ⓗ **D'Olde Brugge,** IJsselkade 48, ☎ 12645, verspricht eine herrliche Aussicht auf die IJssel. Ein weiterer Grund, um dort zu bleiben: die gutbürgerliche Traditionsküche. Ⓢ

***Schokland.** Die frühere Zuiderzee-Insel liegt erhöht über den Feldern, auf denen man noch immer Muscheln findet. Schokland ist Museum und hat ein Museum mit archäologischen Funden aus der ehemaligen Zuiderzee (Middelbuurt 3, 🕒 tgl. 1. April bis 30. Sept. 10–17 Uhr; 1. Okt. bis 30. März Di–Sa 10–17 Uhr), während die einstige Insel ***Urk** Fischerdorf blieb. Durch Jahrhunderte von Zeitströmungen abgeschnitten, gehört es zu den Orten, in denen sich extrem konservative, religiös begründete Verhaltensweisen erhalten haben. Man sollte respektieren, daß die Einwohner am Sonntag keine Autos und erst recht keine fotografierenden Touristen in ihren Straßen mögen.

Der Turm der Hallenkirche Lieve Vrouwekerk in Zwolle.

***Steenwijk** (20000 Einw.). Die kleine Industriestadt zehrt noch immer vom Ruhm ihrer Vergangenheit als wichtige mittelalterliche Festung. Sehenswert sind innerhalb der teilweise erhaltenen

ROUTEN 4-8
0
10 km
N
Den Helder
Harlingen
Den Oever
Callantsoog
Schagen
Medemblik
Twisk
Camperduin
Noord-
Enkhuizen
Bergen
Bergen a. Zee
Heerhugowaard
Hoorn
Egmond a. Zee
Alkmaar
Egmond Binnen
Holland
IJsselmeer
Castricum a. Zee
Castricum
Purmerend
Edam
Volendam
Lelys
Wijk a. Zee
Beverwijk
Velsen
Zaanstad
Monnickendam
Marken
Santport
Zaandam
Noordzeek.
Flevola
NORDSEE
Zandvoort
Haarlem
AMSTERDAM
Almere
Muiderberg
Amstelveen
Huizen
Hoofddorp
Naarden
Blaricum
Noordwijk
Lisse
Uithorn
Hilversum
Laren
Bunschoten
Spa
burg
Katwijk
Vinkeveen
Baarn
Rijnsburg
Leiden
Breukelen
Soesdijk
Amersf
Maarsen
Utrecht
Wassenaar
Alphen a.d.Rijn
Woerden
Zeist
Zoetermeer
Utrecht
Den Haag
Doorn
Gouda
Langbroe
Delft
Oudewater
Zuid-Holland
Hoek v. Holland
Vianen
Schoonhaven
Culemborg
Geldermalsen
Vlaardingen
Schiedam
ROTTERDAM
Lek
Leerdam
Tiel
Kinderdijk
Spijkenisse
Oude
Sliedrecht
Gorinchem
Waal
Maas
Zaltbommel
Haringvliet
Oud-Beijerland
Dordrecht
Middelharnis
Biesbosch
Bergse Maas
Grevelingen
Hollands Diep
Waalwijk
'S-Hertogenbosch
Gevelingendam
Zevenbergen
Oosterhoot
Dongen
Zeeland
Steenbergen
Breda
Tilburg
Oedenro
Scherpenisse
Roosendaal
Wilhelminak.
Noord - Brabant
Oosterschelde
Bergen op Zoom
Baarle-Nassau
Antwerpen
Eindhov

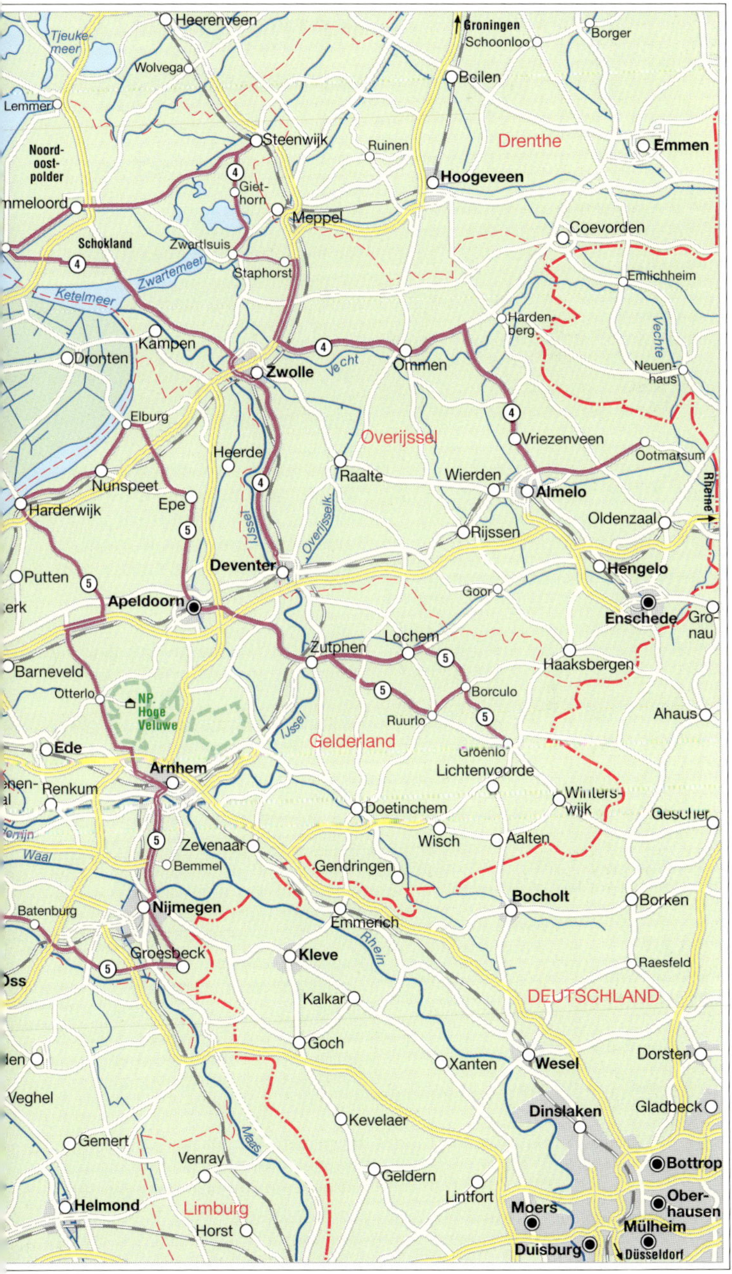
Heerenveen
Tjeuke-
meer
Wolvega
Lemmer
Noord-
oost-
polder
Groningen
Schoonloo
Borger
Beilen
Steenwijk
Ruinen
Drenthe
Emmen
Giet-
horn
Hoogeveen
nmeloord
Meppel
Schokland
Zwartsluis
Coevorden
Staphorst
Zwartemeer
Emlichheim
Ketelmeer
Harden-
berg
Vechte
Kampen
Dronten
Zwolle
Vecht
Ommen
Neuen-
haus
Elburg
Overijssel
Vriezenveen
Heerde
Oostmarsum
Nunspeet
Raalte
Wierden
Almelo
Rheine
Harderwijk
Epe
IJssel
Overijsselk.
Oldenzaal
Rijssen
Deventer
Putten
Hengelo
Goor
erk
Apeldoorn
Enschede
Gro-
nau
Zutphen
Lochem
Haaksbergen
Barneveld
Otterlo
NP
Hoge
Veluwe
Borculo
Ahaus
IJssel
Ruurlo
Gelderland
Groenlo
Ede
Arnhem
Lichtenvoorde
nen-
al
Renkum
Winters-
wijk
Doetinchem
Gescher
Waal
Zevenaar
Wisch
Aalten
Bemmel
Gendringen
Bocholt
Borken
Batenburg
Nijmegen
Emmerich
Rhein
Groesbeck
Kleve
Raesfeld
Oss
DEUTSCHLAND
Kalkar
Goch
Dorsten
den
Xanten
Wesel
Veghel
Dinslaken
Gladbeck
Kevelaer
Gemert
Maas
Venray
Bottrop
Geldern
Ober-
hausen
Lintfort
Helmond
Limburg
Moers
Horst
Mülheim
Duisburg
Düsseldorf
4
5

4

Wälle die *St. Clemenskerk*. Ihr 86 m hoher Turm verspricht eine grandiose Aussicht. Weitere Sehenswürdigkeiten sind die *Lieve Vrouwekerk* (Liebfrauenkirche, 1477), die *Boterwaag* (1642) und hübsche *Giebelhäuser* in der Oosterstraat und am Markt. Von einem gewissen Reiz sicherlich das *Kermis- und Circusmuseum* in der Annastraat (Ⓒ Di–Fr 10–12, 14–17 Uhr, Juni bis August Mo 10–17 Uhr, Di–Fr 14–17 Uhr).

** **Giethoorn** (2500 Einw.). Der historische Dorfkern ist für den Autoverkehr gesperrt. Die Einzelgehöfte drumherum liegen jeweils auf einer eigenen Insel, die während der Saison mit dem Boot angesteuert wird.

Der *Otterskooi* ist dafür bekannt, daß dort die größte Entenkolonie Westeuropas lebt. Von April bis Mitte Sept. werden Führungen angeboten.

5

Ⓗ **De Pergola,** T. O. Hylkemnaweg 7, ☎ 132, Fisch- und Fleischspezialitäten. Auf der Terrasse mit Aussicht auf die Cornelisgracht sitzt der Gast wie in einem großen Blumengarten. $$

* **Blokzijl** (1400 Einw.). Die alte Festungsstadt ist per Boot über das Giethoornse Meer zu erreichen, aber auch sonst einen Umweg wert.

Ootmarsum (4280 Einw.) im Norden von Twente inmitten des Hügellandes entwickelte sich nicht ohne Grund zu einem beliebten Urlaubsdomizil.

Der historische Stadtkern besitzt ein *Rathaus* mit Rokokoelementen im Giebel, die katholische *Kirche* ziert ein lustiges Holztürmchen, und das alte Haus des Kramers (1656) steht für anheimelnde Kleinstadtidylle.

ⓘ VVV, Markt 1, NL-BW Ootmarsum, ☎ 2181.
Ⓗ **De Wiemsel,** Winhofflaan 2, ☎ 92155, ist das erste Haus am Ort. $$
Ⓡ **De Wanne,** Stobbenkamp 2, ☎ 91270, über dem Haus leuchtet seit Jahren ein Michelin-Stern. $$

Route 5

Von der Großstadt ins Grüne

Die Provinz Gelderland (360 km)

Im September des Jahres 1994 war es genau ein halbes Jahrhundert her, daß sich Alliierte und deutsche Besatzer in der „Schlacht von Arnhem" erbitterte Gefechte lieferten. Davon ist in der Provinz Gelderland heute nicht mehr viel zu spüren: Nur der große Friedhof in Oosterbeek im Nationalpark De Hoge Veluwe, das eine oder andere Denkmal zwischen Arnhem und Nijmegen erinnern daran. Gelderland ist nicht nur die größte Provinz des Landes, sondern wohl auch die vielseitigste.

Das Weideland wird immer wieder von großen Obstplantagen unterbrochen. Verschlungene Seitenpfade führen zu stimmungsvollen Flußlandschaften oder gar Dünen mitten im Landesinneren. Der grenznahe Nationalpark De Hoge Veluwe zwischen Arnhem und Apeldoorn gehört zu den Attraktionen. Nijmegen, die alte Universitätsstadt, ist jedes Jahr im Sommer Mekka der Wanderer, wenn die Vier-Tage-Wanderung mehr als 30 000 Menschen aus dem In- und Ausland lockt. Aber nicht nur Wanderer und Radfahrer kommen in der Provinz Gelderland auf ihre Kosten. Ziel der Wassersportler ist das Veluwemeer, das an die Provinz Flevoland grenzt. Der langgestreckte See ist ein schmaler Wasserstreifen, übriggeblieben von der früheren Zuiderzee.

Die großen Kunstsammlungen des Rijksmuseum Kröller-Müller in Otterlo bei Arnhem einerseits und die Bauernhofmuseen in Groenlo, Lievelde oder Borculo lassen auch bei grauem Himmel keine Langeweile aufkommen.

*** Erve-Kots-Bauernhofmuseum.** Gleich jenseits der Grenze zu Deutschland bei Groenlo werden einem hier Einblicke ins bäuerliche Leben des Mittelalters gewährt.

Eine ehemalige Herberge wurde zum Restaurant umgebaut. Auf der Speisekarte stehen Spezialitäten der Region (Eimersweg 4, Lievelde, ⏲ während der Saison tgl. 10–17 Uhr).

Wer dann noch einiges über das Achterhoek, die Moränenlandschaft Gelderlands, wissen will, die während der vorletzten Eiszeit entstand, sollte das Heimatmuseum (Grolsch Museum, Notenboomstraat 15, ⏲ 1. April bis 31. Okt. Mo bis Fr 10–12, 14–17 Uhr) in **Groenlo** besuchen. Die Wälle der kleinen Stadt sind Beleg kriegerischer Auseinandersetzungen. Die * *Oude (Alte) Callixtuskerk* besitzt ein, wenn auch vermauertes Hagioskop neben dem Chor: Dorthinein zogen im Mittelalter, geleitet vom „Kleppermann" unter warnendem Gerassel, die Leprakranken. Getrennt von der übrigen Gemeinde, konnten sie so nahe dem Allerheiligsten am Gottesdienst teilnehmen.

Der Turm des Stadttors Drogenapstoren in Zwolle.

Borculo (10 000 Einw.) profitierte früher von der Schiffahrt auf der Berkel. Die sog. Hessenstraße verlief hier, jener Handelsweg, dem mit der *Tolboerderij De Lebbenbrugge* (Lebbenbruggedijk 21, ⏲ Mo–Fr 11–17 Uhr; 15. Juni bis 31. Aug. auch Sa u. So) im 16. Jh. ein Denkmal gesetzt ist. Einst Bauernhof, Herberge und Zollstation in einem, wurde das Gebäude zu einem Museum umfunktioniert. Zu besichtigen gibt es Küche, Kammern und den Pferdestall.

Egal, ob man den Weg nach Zutphen über *Lochem* oder *Ruurlo* wählt, immer liegen jenseits der Straßen Mühlen und Gutshöfe, und so wird dieser Teil Gelderlands nicht zu Unrecht auch als Garten bezeichnet. Südlich der Berkel dehnt sich über 65 ha der Wald *Het*

Grote Veld fast bis an die ehemalige Hansestadt ** **Zutphen** (32000 Einw.). Die Grafen von Zutphen bauten im Schutz der Moore ihre Burg; die Siedlung entwickelte sich drumherum. 1190 zur Stadt ernannt, trat sie im 14. Jh. der Hanse bei. Bei Spaziergängen kreuz und quer durch den Ort sind malerische Winkel zu entdecken: prachtvolle *Giebelhäuser* (Markt, Houtmarkt, Zâdmarkt) und elegante Portale lenken durch kunstvolle Oberlichter den Blick auf sich (*Stadhuis,* Huize van de Kasteele). Die Abtei, ehemals *Broederenklooster* (Dominikanerkloster, Broederenkerkplein, ⌚ Di–Fr 11–17 Uhr; Sa, So 13.30–17 Uhr), beherbergt heute das Städtische Museum und die Bibliothek. Nicht zu übersehen ist die *St. Walburgskerk* (12. Jh.) mit ihren Fresken in Gewölben und Chorkapellen. Im ehemaligen Kapitelsaal der Kirche ist die * *Librije,* eine einzigartige Bibliothek mit 400 Büchern, unter ihnen 80 Inkunabeln, untergebracht.

5

ℹ VVV, Achterhoek, Groenmarkt 40, NL-7201 HZ Zutphen, ☎ 19355.
🚆 Arnheim – Deutschland.

🏨 **Berkhotel,** Marschpoortstraat 19, NL-7201 JA Zutphen, ☎ 11135. Komfortabel in historischem Gemäuer. Bekannt für seine vegetarischen Gerichte. $

Apeldoorn (146 000 Einw.). Verwöhnt vom schönen Zutphen mit seinem bunten Leben an Markttagen, wird man es hier nicht allzu aufregend finden, wenn es da nicht das * *Paleis Het Loo* (2 km nördlich), die ehemalige Sommerresidenz der Oranier, gäbe. Heute ist das Schloß im Besitz des Staates und der Öffentlichkeit zugänglich (⌚ Di bis So 10–17 Uhr).

ℹ VVV, Stationsplein 6, NL-7311 NZ Apeldoorn, ☎ 554555.
🏨 **De Keizerskroon,** Koningstraat 7, NL-7315 HR Apeldoorn, ☎ 217744. Wer das königliche Ambiente mag, fühlt sich in der luxuriösen „Kaiserkrone" an der Königstraße zu Hause. $$

Wirklich märchenhaft schön ist der riesige Wald, der nördlich von Apeldoorn in die *Oldebroekse Heide* übergeht und bis nach * **Elburg** reicht. Das Fischernest zwängt sich in eine zu eng gewordene Umwallung und läßt sich trotz der Trennung vom IJsselmeer durch den Polder Oostelijk Flevoland nicht die Erinnerung an glorreiche Hansezeiten rauben.

Harderwijk (35000 Einw.). Auch dieser Fischer- und Badeort ist über den Polder zu erreichen. Er gehörte ebenfalls zur Hanse und hatte zudem eine berühmte Universität, an der z. B. der Botaniker Linné promovierte.

Heute locken die springenden Delphine im ** *Dolfinarium* die Touristen an. Stets zeigt die kleine Stadt ein anheimelndes Feriengesicht, zu dem die unprätentiösen Häuschen beitragen, aber auch der Duft von frisch gebackenem Fisch, der stehend am Kiosk nahe der mittelalterlichen *Vispoort* verzehrt wird.

ℹ VVV, Havendam 58, NL-3841 Harderwijk, ☎ 26666.

** Nationalpark De Hoge Veluwe

Autofahren ist zwar erlaubt im Nationalpark, doch empfiehlt es sich, bei entsprechendem Wetter die Fahrt (42 km ausgeschilderte Wege) mit einem der Witte Fietsen, den weißen Fahrrädern, die kostenlos im Zentrum des Parks am Restaurant „De Koperen Kop", $$, ausgeliehen werden können, fortzusetzen.

Otterlo (1800 Einw.) ist das größte Dorf inmitten dieser 5500 ha großen Wald-, Dünen- und Heidelandschaft. Statistiker haben errechnet, daß selbst an Hochsommertagen mit 50000 Besuchern noch für jeden einzelnen 10000 m² Stille bleiben, ohne daß sich Rehe, Hirsche, Wildschweine, Mufflons oder die 150 Vogelarten gestört fühlen müßten.

** **Rijksmuseum Kröller-Müller.** Der Kultur-Wallfahrtsort aller Van-Gogh-

Liebhaber schlechthin, denn immerhin hängen hier 278 Werke des Malers. Dank der richtungsweisenden Museumsarchitektur bilden der 11 ha große Skulpturenpark und die übrigen Exponate ein geschlossenes Ganzes. Aufgestellt sind über sechzig Plastiken, u.a. von Rodin, Moore, Serra und Oldenburg. Die Eingänge des Parks liegen in *Otterlo* und *Hoenderlo*. 🕓 1. April bis 31. Okt. Di–Sa 10–17 Uhr, So 11–17 Uhr; 1. Nov. bis 31. März So 13–17 Uhr.

Sommerresidenz der Oranier Paleis Het Loo in Apeldoorn.

* **Nederlands Openlucht-Museum.** Auch das Freilichtmuseum von Arnheim liegt noch am Nationalpark. Seit 1912 ist man dabei, die Geschichte der Menschen des Landes, in ihren Häusern, mit Arbeitsgerät und Gebrauchsgegenständen, darzustellen. Bereitschaft zu einigermaßen langen Spaziergängen vorausgesetzt, findet man hier Bauernhöfe aus allen Teilen der Niederlande. 🕓 1. April bis 31. Okt. Mo–Fr 9.30 bis 17 Uhr, Sa–So 10–17 Uhr.

Ⓗ **Bilderberg-Hotel,** ☎ 340843. Luxushotel. Ⓢ

Hoge Veluwe: im Park des Kröller-Müller-Museums.

Arnhem (133000 Einw.). Im Verlauf der Schlacht von Arnheim landeten 1944 im Herbst 10000 englische Fallschirmjäger. Ihr Auftrag bestand in der Sicherung der Brückenköpfe über die Flüsse. Bis auf wenige Ausnahmen wurden im Verlauf der harten Kämpfe alle historischen Bauwerke zerstört. Dies in Stichworten die Tragödie der Stadt gegen Ende des Zeiten Weltkriegs. Nach alten Plänen wiedererstanden, besitzt der historische Kern der Provinzhauptstadt rund um den *Korenmarkt* eine Menge Flair. In den gemütlichen Kneipen herrscht vor allem an warmen Sommerabenden bis spät in die Nacht hinein reges Leben.

Arnhem war einst Hansestadt am Nederrijn: Sie wurde im 16. Jh. burgundisch und dann spanisch, 1672 von französischen Truppen Ludwigs XVI. okkupiert und 1813 von

Dolfinarium in Harderwijk.

Preußen befreit. Zu den Sehenswürdigkeiten zählen das *Duivelshuis* (Teufelshaus, 1540) am Grote Markt und das *Stadtpaleis* des Feldherrn van Rossum. Die *Grote Kerk* wurde wiederaufgebaut. In ihrer Architektur machen sich die Einflüsse niederrheinischer Spätgotik bemerkbar.

ℹ VVV, Stationsplein 45, NL-6811 KL Arnhem, ☎ 42 03 30.
🚆 Utrecht – Deutschland.
⛴ Rundfahrten auf IJssel und Rhein.

* **Nijmegen** (Nimwegen, 147 000 Einw.). Ältestes historisches Zeugnis der von den Batavern gegründeten Stadt ist die Ruine des *Valkhofs* über dem Fluß. Karl der Große und auch Barbarossa hielten den Platz für den Bau einer ihrer Pfalzen geeignet. Große Schäden hat der Zweite Weltkrieg hinterlassen und damit sichtbare Spuren der einst mächtigen Hansestadt vernichtet. Doch wurde u.a. das * *Raadhuis* (Burchstraat) wiederaufgebaut. Mit den acht Kaiserporträts in Medaillons oberhalb der Fenster ist die ruhmreiche Vergangenheit repräsentiert. Unharmonisch wirkt demgegenüber der Bau der spätgotischen *St. Stevenskerk* (15. Jh.) mit der verspielten Turmspitze über einem ungegliederten Unterbau. Die schlichten *Kanonikerhäuschen* an der Nordseite sind von sympathischeren Proportionen. Würde zeigt trotz des Stilgemischs von Gotik und Renaissance die * *Lateinschule* auf dem Sint-Stevens-Kerkhof. An der wunderschönen Promenade Waalkade entlang der Waal, einem der Mündungsarme des Rheins, wurden alte Hafenhäuser restauriert; in eines davon zog das * *Velorama* (Auto- und Fahrradmuseum, Waalkade 107.

Das * *Museum G. M. Kam* (Kamstraat 45, 🕓 Di–Fr 10 bis 17 Uhr, Sa, So 13 bis 17 Uhr) zeigt anhand archäologischer Funde niederländische und europäische Geschichte.

Der dreieckige *Grote Markt* ist das Zentrum der Altstadt. In Bronze erstarrt, steht Mariken van Nijmegen hier. Laut Überlieferung soll sie mit dem Teufel im Bunde gestanden haben. Zur Strafe wurden ihr Fesseln aus Eisen angelegt, die dann aber gegen Ende der Bußzeit von selbst aufsprangen. Triumphierend hält sie diese in der Hand.

Die Kulturgeschichte der Stadt wird im * *Nijmeegs Museum Commanderie van Sint-Jan* (Franse Plaats 3) lebendig. Regelmäßig werden hier auch Arbeiten zeitgenössischer Künstler gezeigt.

ℹ VVV, St. Jorisstraat 72, NL-6500 Nijmegen, ☎ 22 54 40, 📠 60 14 29.
Ⓗ **Wiener Hof**, Hertogstraat 1, NL-6511 RV Nijmegen, ☎ 22 04 98, zentral gelegenes Mittelklassehotel. ($)
Golden Tulip Val Monte, Oude Hollenweg, NL-6572 Berg en Dal, ☎ 4 17 04. Ruhiges Haus mit tollem Blick auf den Lauf der Waal. ($)
Ⓡ **Atlanta**, Grote Markt 38-40, ☎ 60 30 08. Bekannt für ein ausgiebiges Frühstücksbüffet. ($)

Die „Reise nach Jerusalem" beginnt in Nijmegen auf der Straße in Richtung **Groesbeek.** Szenen aus dem Neuen Testament wurden im *Bijbels Openluchtmuseum* (Biblisches Freilichtmuseum, 🕓 Mitte März bis Anfang Nov. tgl. 9–17 Uhr) unter Buchen und Eichen aufgebaut. Es ist ein Spaziergang durch ein orientalisches Dorf mit Beduinenzelten und einer Karawanserei, einem Hirtenkamp mit Wachturm.

Jenseits des Maas-Waal-Kanals, südöstlich von Batenburg, beginnt *Gelders Rivierengebiet.* Tolle Ausblicke über diese Flußlandschaft eröffnen sich einem von der Höhe der Deichkronen. Behäbige alte Häuser suchen vor Sturm und Wasser hinter dem Wall Schutz. Diese Dörfer und Kleinstädte sind noch wenig vom Tourismus vereinnahmt. Als Beispiel soll **Batenburg** genannt werden, ein sympathisch verschlafenes Uferstädtchen mit weißen Häusern, riedgedeckt und oft kaum höher als die hübsch altmodischen Straßenlaternen. Der Turm bemüht sich, aus dem Dach der mittelalterlichen *Kirche* herauszuwachsen; im Innern wird man von maskenhaften Gesichtern um das Taufbecken angestarrt.

Das Nederlands Openlucht-Museum bei Arnheim.

Zaltbommel (9600 Einw.) ist eine lebendige Kleinstadt, deren Befestigungsring im Laufe der Zeit zu weit und deren Kirche aus dem 14. Jh. irgendwie zu groß geworden zu sein scheint. Herrisch reckt sich die Turmspitze des *Huis van Maarten van Rossum* (Nonnenstrât 5) in den Himmel. Beim Bauherren handelt es sich um den Befehlshaber der gelderschen Armee, die gegen Karl V. kämpfte.

Nach Zaltbommel führte der Weg von Karl Marx, wenn er in die Niederlande reiste. Dort besuchte er seinen vermögenden Onkel, den Fabrikanten Lion Philips, der als Gründer der Glühlampenfabrik Weltruhm genoß. Dank seiner finanziellen Unterstützung konnte die unter ständigem Geldmangel leidende Familie des deutschen Sozialrevolutionärs überhaupt existieren.

Historische Bauernküche im Bauernhofmuseum bei Arnheim.

Culemborg (20000 Einw.) gibt sich städtisch. Auch wenn das gotische *Raadhuis* mit dem Pranger davor mit zu den bedeutendsten Sakralbauten dieser Epoche im Land zählt, gäbe es für den Denkmalschutz in dieser Stadt noch viel zu tun. Und dennoch, beim Spaziergang durch die Stadt lassen sich noch eine Reihe interessanter Giebelsteine entdecken.

Tiel (31000 Einw.) war eines der alten Handelszentren des Landes. Die beiden Plünderungen in den Jahren 838 und 1009 durch die Normannen markieren den Anfang vom Ende der einst blühenden Stadt. Den Rest erledigten die Friesen neun Jahre später. Die 1789 gebaute *Groote Societeit* (Große Sozietät, Plein 48) war eine Art Honoratiorenklub. Heute ist in den Räumen ein Heimatmuseum untergebracht.

Die Waag in Nijmegen.

Route 6

Die Mitte des Landes

Provinz Utrecht (217 km)

Utrecht, die Stadt und die Provinz, liegen im Herzen der Niederlande. Hier laufen alle wichtigen Verkehrsverbindungen zusammen: Eisenbahnen, Autobahnen und Schiffahrtswege und die Randstad reichen tief in die Provinz Utrecht hinein. Entlang der Vecht und in den ewig dunklen Wäldern zwischen Utrecht, Amersfoort und Doorn leuchten Prachtbauten aus früheren Jahrhunderten, in denen die reichen Amsterdamer ihren Herrensitz aufs Land verlegten, und so kommt es nicht von ungefähr, daß Kaiser Wilhelm II., als er 1918 Hals über Kopf, aber immerhin mit 59 Eisenbahnwaggons voller Gepäck, genau in dieser Provinz sein Exil suchte. (Karte s. S. 54–55.)

6

** **Amersfoort** (100 000 Einw.) ist die einzige niederländische Stadt mit einem weitgehend erhaltenen mittelalterlichen Stadtkern. Außerdem ist sie die Geburtsstadt von Piet Mondrian. Mit der großen Retrospektive anläßlich seines 50. Todestages im Jahr 1994 wurde das *Mondriaanhuis* (Kortegracht 11) eröffnet. Die ständige Ausstellung beschäftigt sich mit der Herkunft und dem Leben des Malers; seine Werke sind dagegen in Den Haag, Amsterdam, Otterlo oder New York zu bewundern.

Von einem doppelten Grachtengürtel wird der reizvolle historische Kern umschlossen. Zu den sehenswerten Bauwerken dieser wirklich malerischen Stadt zählen die *Muurhuizen* (Mauerhäuser) aus dem späten Mittelalter und die gotische *St. Joriskerk* mit ihrer reizvollen Innenausstattung. Bei der *Onze Lieve Vrouwekerk* (Liebfrauenkirche) verdient zumindest der Turm mit dem Glockenspiel von Hemony einen Blick. Als einziges Tor der ersten mittelalterlichen Stadtummauerung ist die *Kamperbinnenpoort* am Ende der Langestraat erhalten. Die den Zugang zur Land- und Wasserseite überwachende *Koppelpoort* im Norden stammt aus dem 14. Jahrhundert.

ℹ VVV, Stationsplein 9–11, NL–3800 AK Amersfoort., ☏ 63 51 51, 📠 65 01 08.

Ⓗ **Hotel De Witte,** Utrechtseweg 2, NL–3811 NB Amersfoort, ☏ 61 41 42. Ein Hotel mit allem erdenklichen Komfort, zentral gelegen. ($)

* **Bunschoten-Spakenburg** (18 000 Einw.). Die beiden Orte wurden bis zum Abschluß der Zuiderzee häufig überschwemmt. Bedingt durch diesen Umstand konnten sich hier Traditionen erhalten, die anderswo nur noch im Museum zu besichtigen sind. Und so empfiehlt es sich, an einem Montag in diesem Fischerstädtchen anzukommen. Dekorativ flattert an diesem Tag die Wäsche in den Straßen, und die Frauen tragen bei der Arbeit Tracht. Im Gegensatz zu denen von Urk und Staphorst lassen sie sich sogar gern fotografieren. Allerdings: Die Sonntagsruhe ist ein ungeschriebenes Gesetz. Dann verkehrt auch die Fähre über die Eem nicht.

Ganz anders **Baarn** im Hügelland von Utrecht. Dort hat sich um den alten Dorfkern ein Villenort gebildet. Wenig weiter liegt **Soestdijk.** Das Schloß gleichen Namens ist Sitz der Königinmutter Juliana. Wilhelm II. von Oranien ließ sich hier 1818 ein Jagdschloß er-

Holland-Festival

Der Utrechter Veranstaltungskalender kennt keine Pausen. Zu den Attraktionen zählen das Theaterfestival an den Werftkellern im Juni oder das Festival Alte Musik Ende August/Anfang September.

richten, das in der Folgezeit mehrmals umgebaut wurde. Südlich, genaugenommen schon in der Provinz Noord-Holland, vorbei an **Hilversum** mit seinen Sendeanlagen, die ebenso besichtigt werden können wie das Rundfunkmuseum *Omroep* am Melkpad 34, geht es in Richtung **Loosdrecht**.

In Huis Doorn lebte Wilhelm II.

Die Weiterfahrt verläuft durch ein weites Seengebiet, das in diesem Fall als *Plassen* bezeichnet wird.

Vinkeveen (4000 Einw.). Mit seinen langgestreckten behäbigen Höfen wirkt das Dorf einladend. Auf Sandeilanden stehen Angler, mit dem gemieteten Boot können Einsamkeitsfanatiker durch das Naturschutzgebiet **Boshol** rudern.

Rundfunkgebäude von Hilversum.

Ruhe und Erholung versprechen sowohl **Breukelen** als auch **Maarsse**. Es ist schon sehr verlockend, die romantische * *Vecht* mit dem Boot hinunterzugleiten und die eleganten Landhäuser, genannt Buitenhuizen, gemächlich an sich vorbeiziehen zu lassen.

6

* **Utrecht** (230000 Einw.) hat eine bewegte Vergangenheit aufzuweisen: zuerst römisches Kastell, dann fränkische Burg und schließlich als Bischofssitz kulturelles Zentrum der gleichnamigen Provinz. Die Stadt ist im Besitz schöner Kirchen und stimmungsvoller Klosterhöfe, pompöser Renaissance- und graziöser Rokokoportale, die samt und sonders in die Gegenwart hinübergerettet werden konnten. Und mit dem Bau des größten, wenn auch umstrittenen Einkaufszentrums Europas schaffte sich die Stadt Ende des 20. Jhs. die zukunftsweisende neue Dimension.

Amersfoort: Kamperbinnenpoort.

Der Stadtspaziergang führt in diesem Fall zu historischen Sehenswürdigkeiten ebenso wie zu interessanten Baudenkmälern der Gegenwart. Für den kunsthistorisch Interessierten steht der ** *Dom*, an dem sich ganz klar die Einflüsse der französischen Kathedralgotik ablesen lassen, an erster Stelle des Interesses. Der Grundriß des romanischen Vorgängerbaus, der bei einem Orkan im Jahr 1674 zerstört wurde, ist auf dem Domplatz eingelassen. Neben dem Dom liegt die *Universität* mit Renaissancefassade.

Schöne *Patrizierhäuser* stehen an der Kromme Nieuwe Gracht. In der Lange Nieuwstraat liegt die *Vleeshal* (Kleine Fleischhalle, 1432).

Wer im * *Museum von Speelklok tot Pierement* (Buurkerkhof 10) auch an einem verregneten Tag keine gute Laune bekommt, ist selbst schuld. Von der Spieldose bis zur Drehorgel sind die kuriosesten Musikautomaten zu bewundern (🕓 Di–Sa 10–17 Uhr, So 13 bis 17 Uhr). Demgegenüber steht im ** *Centraal Museum* (Agnietenstraat 1), untergebracht im ehemaligen Agnietenkloster (Agnietenstraat 1), die Geschichte Utrechts im Mittelpunkt (🕓 Di–Sa 10–17 Uhr; Sa, So 13–17 Uhr).

Zu guter Letzt lockt der Konsumtempel von riesigen Ausmaßen *Hoog Catharijne* mit rund 180 luxuriösen Einzelhandelsgeschäften plus Kinos, Restaurants und Cafés sowie einem direkten Zugang zum Hauptbahnhof (Centraal Station).

6

ℹ VVV, Muziekcentrum, Vredenburg 90, NL–3511 BD Utrecht,
☎ 34034085.

🏨 **Holiday Inn**, Jaarbeursplein 24,
☎ 910555, in der Nähe sind Bahnhof und Messegelände; allein die Aussicht von der in 70 m Höhe gelegenen Railroad Bar lohnt einen Besuch. ($))
Malie Hotel, Maliestraat 2-4,
☎ 316424, in Universitätsnähe gelegen, kurze Wege zum Stadtzentrum. Ein holländisches Frühstück mit Blick auf Garten und Terrasse. ($)

Utrecht ist umgeben von zahlreichen wunderschönen alten Herrensitzen. Es gibt Wälder und Heide, alte Dörfer, wie etwa **Loenen, Breukelen** oder das schon erwähnte Bunschoten-Spakenburg. Historisch interessant ist **Amersfoort.**

Das Schloß von **Soestdijk** ist seit 1980 Wohnsitz der Königinmutter Juliana.

* **Oudewater** (4500 Einw.). Berühmt und berüchtigt war im 16. Jh. die *Heksenwaag* (Hexenwaage, Leeuweringstraat 2, 🕓 1. April bis 1. Okt. Di–Fr 10 bis 17 Uhr, Sa, So 12–17 Uhr). Sogar aus Deutschland wurden die der Zauberei verdächtigen Personen hierhergebracht, um gewogen zu werden. Zur Hexe wurden jene Frauen erklärt, die nicht die vorgeschriebenen 99 Pfund auf die Waage brachten. Denn schließlich war man der festen Überzeugung, daß nur leichtgewichtige Personen auf dem Besenstiel reiten konnten! Wiegeurkunden in altniederländischer Sprache sind heute ein beliebtes Reiseandenken.

Langbroek erlebte seine Blüte zu Zeiten des Stifts von Utrecht, als Schlösser und Landhäuser aus dem Boden wuchsen und einige Parkanlagen, wie z.B. der Garten des Schlosses *Walenburg*, angelegt wurden. Der Park kann besichtigt werden, Langenbroekerdijk 29.

ℹ VVV Langbroek, Gemeentehuis, Brink 12, NL–3947 NS Langbroek,
☎ 1624.

Doorn (11000 Einw.). Dieser Adelssitz wurde im 14. Jh. als *Ridderhofstad* vom Bischof von Utrecht angelegt. Aber erst in dem Moment, als der letzte deutsche Kaiser Wilhelm II. * *Huis Doorn* kaufte und dort die Exiljahre bis zu seinem Tod im Jahr 1941 verbrachte, rückte der Ort ins allgemeine Interesse. Seit 1950 ist das Schloß am Langbroekerweg 10. Mehr als 80000 Touristen besichtigen jährlich das Landgut und seinen Park mit dem Grab Wilhelms II. Zu sehen gibt es wertvolle Kunstschätze aus dem persönlichen Besitz Wilhelms, die dieser in fünf Zügen verpackt in insgesamt 59 Kisten auf seiner Flucht aus Berlin mitnahm.

Auch **Schloß Zeist** in dem die Erinnerung an die Herrenhuter Brüdergemeinde des Grafen Zinzendorff gepflegt wird, kann besichtigt werden.

Route 7

Weite Strände – flaches Land

Die Provinz Noord-Holland (277 km)

Die Sandstrände der Provinz Noord-Holland sind ein beliebtes Naherholungsgebiet vieler Deutscher von Rhein und Ruhr. Eine perfekte touristische Infrastruktur und die große Auswahl an kleinen und großen Badeorten werden jedem Anspruch und auch jedem Geldbeutel gerecht. Bei Callantsoog entstand sogar – in den Niederlanden verdient das besondere Erwähnung – vielen Widerständen zum Trotz ein FKK-Strand.

Noord-Holland ist für die meisten Urlauber vorrangig das Seglerparadies IJsselmeer und sonst nichts. Sie übersehen, daß abgesehen von Amsterdam sich auch in anderen alten Städten der Provinz die schmucken Giebelhäuser im Wasser der Grachten spiegeln. Die Dörfer sind klein, doch die Höfe stehen fest und behäbig im Land, manchmal sind sie nur über eine Brücke zu erreichen. Immer stehen diese Höfe inmitten eines farbenfrohen Bauerngartens.

Gewaltige Deiche durchziehen Noord-Holland, sie sind Zeugen des erfolgreichen Kampfes zwischen Wasser und Menschen. Nicht zu Unrecht hat man einen Teil davon, die Landschaft des Gooi, den „Garten Amsterdams" genannt (Karte 54–55).

Auf Marken tragen schon die ganz Kleinen an Festtagen Tracht.

Die kleinen Häuschen von Zaandam sind immer noch bewohnt.

Laren (12000). Die kleine Stadt südöstlich von Amsterdam machte sich als Künstlerkolonie einen Namen. In der *Singer Memorial Founda-*

7

tion (Oude Drift 1) sind neben der Privatsammlung des gleichnamigen amerikanischen Malers seine eigenen Werke neben Gemälden und Skulpturen von Künstlern des 19. und 20. Jhs. zu sehen. Auch wenn die Schafe nicht mehr zum Weiher auf dem Brink zur Tränke getrieben werden und Herde plus Hirten sich auf die Westerheide in einen alten *schaapskooi* (Schafstall) verzogen haben, gibt es noch historische Häuschen und alte Pumpen.

* **Naarden** (17 000 Einw.). Der Grundriß des kleinen Festungsstädtchens ist ein sechszackiger Stern. Im *Festungsmuseum* (Westwaalstraat) sind die Zeugnisse der kriegerischen Auseinandersetzungen um dieses vollständig erhaltene Bollwerk aus dem 17. Jh. zu besichtigen. In *Het Spaansehuis* (Spanisches Haus, Turfpoortstraat) erinnert der Giebelstein, in diesem Fall eine Gedenkplatte, an das furchtbare Blutbad, das die Spanier 1572 unter der Bevölkerung anrichteten. Sehenswert ebenfalls das *Stadhuis* (Marktstraat) im niederländischen Renaissancestil. Einzigartig ist das bemalte hölzerne Tonnengewölbe der gotischen *Grote* bzw. *St. Vituskerk.*

Zu einem Erfolg entwickelte sich die alljährliche Aufführung der Matthäuspassion am Karfreitag.

Muiderberg ist ein bekannter Erholungsort am IJsselmeer, der sich nach der Erschließung von Flevoland zu einem Freizeitparadies gemausert hat. Dennoch konnte noch einiges vom ursprünglichen Dorf mit dem Brink im Mittelpunkt gerettet werden.

Nicht weit – ca. 5 km entfernt – liegt das von Besucherströmen umlagerte Wasserschloß **Muiderslot,** das Graf Floris V. 1280 hier an der Mündung der Vecht zur Sicherung seiner Stellung in diesem östlichen Teil der Grafschaft errichten ließ. Nach seinem Tod (1296) gab der Bischof von Utrecht den Befehl zur Erstürmung der Burg. Als persönliche Genugtuung verbuchte der Kirchenmann die Eroberung der Festung seines Erzrivalen. Aber damit nicht genug, nach dem Sieg gab er den Befehl zur Schleifung. 1370 wurde ein neues Schloß errichtet, das im Lauf der Jahrhunderte derartig verkam, daß es dann längere Zeit als Gefängnis genutzt wurde, nachdem der Bau im 17. Jh. einige Jahre lang Sitz eines hochgeistigen Zirkels von Wissenschaftlern und Künstlern gewesen war. Initiator des *muiderkring* (Muider Kreis) war Pieter Cornelisz Hooft. Nach ihm wurde der angesehenste niederländische Literaturpreis benannt, der alljährlich verliehen wird. Erst seit 1992 ist die Festung **Pampus** im IJsselmeer für Besucher geöffnet. Vom Muiderslot aus fährt die einzige „Windveer“, nämlich Segelfähre, des Landes regelmäßig zur künstlich aufgeschütteten Insel mit dem Fort, die zum Schutz vor deutschen Kriegsschiffen 1893 angelegt wurde. Zur Ironie der Militärgeschichte gehört die Tatsache, daß dieses Fort niemals einem Gefecht ausgesetzt war, da die Kriegsschiffe wegen der Untiefen nie soweit ins IJsselmeer vordringen konnten. 🕓 Abfahrten vom Muiderslot: 1. April bis 31. Okt. tgl. außer Mo 10–16 Uhr, alle 90 Minuten.

*** **Amsterdam** (s. S. 20) bietet sich als idealer Ausgangsort für Ausflüge mit öffentlichen Verkehrsmitteln in die nähere Umgebung an. Da ist z. B. * **Zaanse Schans** in der Polderlandschaft nordwestlich der Stadt. Zugreisende (15 Min. Fahrzeit) steigen in **Koog-Zaandijk** aus und stehen unvermittelt vor alten zaanländischen Häuschen mit grün und weiß gestrichenen Holzgiebeln zwischen Mühlen und Museen. Auch wenn es sich bei dem kleinen Dorf inmitten eines Industriegebiets um die Rekonstruktion einer Zaanländer Ortschaft aus der Zeit um 1700 handelt, verstehen sich seine Bewohner auf keinen Fall als lebendiges Inventar eines Freilichtmuseums. In den rund 40 Häuschen wird ein ganz normaler Dorfalltag gelebt.

In * **Zaandam** (ca. 10 Min. zu Fuß) ist das „Zar-Peter-Häuschen“ (Auf dem

Krimp 24) die Attraktion. Zar Peter der Große wohnte und arbeitete dort 1697 unter dem Namen Peter Michailow als Zimmermann.

Mitten in der Polderlandschaft liegt Zaanse Schans.

Unberührt von den Entwicklungen der Umwelt konnten sich auf der früheren Zuiderzee-Insel **Marken** und in den Orten **Monnickendam** sowie **Volendam** durch lange Jahrhunderte Lebensgewohnheiten erhalten, die anderswo längst der hektischen Neuzeit zum Opfer fielen. Durch den Abschluß der Zuiderzee ihrer Lebensgrundlage Fischerei beraubt, wurden die Inseln nun mit dem Tourismus des 20. Jhs. beglückt! Wer es sich leisten kann, sollte die Hauptreisemonate meiden. Nur in der Nebensaison kann man sich einigermaßen ungetrübt an den weißen Brükken zwischen den Fischerwohnungen und den malerischen Trachten erfreuen.

Die gelben Käsekugeln sind nur für den Inlandsmarkt bestimmt.

** **Edam** (23000 Einw.). Die roten und gelben Käsekugeln haben die Kleinstadt wirklich weltberühmt gemacht. Sehenswert ist die alte *Kaaswaag* auf dem gleichnamigen Marktplatz mit einer kleinen Ausstellung historischer Geräte. Berühmt unter Kunstkennern sind die bleiverglasten Fenster der *Grote* bzw. *Nicolaaskerk*. Im *Speelturm*, Wahrzeichen der ehemaligen Lieve Vrouwenkerk, begeistert die Klangfülle eines der ältesten Glockenspiele der Niederlande.

Sehenswert ist im Stadhuis von Edam der Ratssaal.

ℹ VVV, Raadhuis, Damplein 1, NL-1135 AT Edam.
Ⓗ **De Fortuna,** Spuistraat 3, NL-1135 AV Edam, ☎ 71671, das Gebäude stammt aus dem 17. Jh., der Terrassengarten lädt bei gutem Wetter zur gemütlichen Kaffeerunde ein. ($)

** **Hoorn** (55000 Einw.). Vor der Kulisse der Kaufmanns- und Lagerhäuser der alten Hafen- und Handelsstadt schwanken die Masten der Jachten. Dank seiner günstigen Voraussetzungen konnte sich Hoorn ab dem 14. Jh.

zu einem bedeutenden Umschlagplatz für den Überseehandel und für den Fischfang mit Westfriesland entwikkeln. Ab 1416 kam eine blühende Industrie (Herstellung von Fischernetzen) hinzu. Im 17. Jh. hatten sowohl die Ostindische als auch die Westindische und die Nordische Kompagnie ihren Sitz in Hoorn. 1617 segelte von hier aus Jan Pieterszoon Coen nach Ostindien, um dort Gouverneur und Begründer von Batavia (heute Djakarta) zu werden. Sein Denkmal steht vor der *Waage* (1609), am Platz Roode Steen, das prächtige wappengeschmückte Giebelhaus gegenüber ist das *Westfriesische Museum.* Angesichts der Sammlungen lernt der Besucher seine Lektion über Westfriesland.

Nach der Geburtsstadt eines anderen berühmten Seefahrers wurde auch die Südspitze des amerikanischen Kontinents benannt: Willem Cornelisz Schouten (1580–1625) umsegelte zwischen 1615 und 1617 Feuerland und entdeckte dabei Kap Hoorn.

***Enkhuizen** (16 000 Einw.) liegt inmitten riesiger Blumenfelder. Man lebt vom Handel mit Saatgut. Hier zog das *Zuiderzeemuseum* (Wierdijk 18, ⏲ tgl. 10–17 Uhr) gleich in die ehemaligen Gebäude der Ostindischen Kompagnie ein und legte die museumseigenen Schiffe auf die Gracht vor der Haustür. Im Hafen ankern Segelboote. Die restaurierten alten Segler nehmen Gäste zu Törns auf dem IJsselmeer mit.

Die Kirchen in Enkhuizen müssen immer schon eine Spur zu groß gewesen sein, so z.B. die *Westerkerk* (15. Jh.). Die Hallenkirche birgt unter anderem einen herrlichen holzgeschnitzten Lettner und eine großartige Bibliothek.

Menschlichere Maßstäbe haben demgegenüber die *Giebelhäuser* aus rotem Backstein mit den zur Gasse geneigten Fassaden. In der Fachsprache wird dies mit „aus der Flucht bauen" bezeichnet. Einen halben Zentimeter je Höhenmeter neigt sich die Fassade nach vorn. Auch wenn heute statt prallgefüllter Säcke mit duftenden Gewürzen aus Übersee Möbelstücke am Takelbalken emporgezogen werden, stoßen sie jedenfalls nicht an die Fassade.

Im ** *Freilichtmuseum,* einem Teil des Zuiderzeemuseums, der nur mit dem Boot erreicht werden kann, wurden die andernorts abgetragenen Häuser wiederaufgebaut. Das so rekonstruierte Dorf vermittelt eine Vorstellung vom Leben rund um die ehemalige Zuiderzee. In der Dorfkirche finden sogar wieder Trauungen statt. (⏲ 10–17 Uhr, April bis 31. Okt. Bootseinstieg am Damm Enkhuizen – Lelystad oder hinter dem Bahnhof.)

Während der Sommermonate setzen Fähren nach *Urk, Stavoren* und *Medemblik* über.

Ⓡ **Die Poort van Cleve,** Dijk 74–78, NL-1601 GK Enkhuizen, ☎ 18765, gute landestypische Küche. Ⓢ

Medemblik (7 000 Einw.). Schon 1289 besaß Medemblik Stadtrechte und wurde dann Hauptstadt Westfrieslands. Vor allem Wassersportler lieben den lebendigen Ort. Im Kern der ehemaligen Hansestadt sowie am West- und Osthafen blieben einige hübsche alte Giebelhäuser erhalten. Restauriert präsentiert sich das von einer Gracht umgebene *Schloß Radboud,* das vom König der Friesen im 8. Jh. erbaut und während der Regierungszeit von Floris V. verstärkt wurde. Angelegt als Festung gegen die gerade besiegten Westfriesen, diente es im 17. Jh. den Einwohnern als Steinbruch fürs eigene Haus. Erst im letzten Jahrhundert wurden die verbliebenen Reste beseitigt. Heute ist die nach alten Plänen wiederaufgebaute Festung eine Touristenattraktion.

Twisk. Nur wenige Kilometer südlich von Medemblik gelegen, sorgte in diesem überaus malerischen Dorf der Denkmalschutz für die fachgerechte Restaurierung kleiner Bauernhöfe und einer Kirche aus dem 14. Jh. sowie der Wiederherstellung würdevoller Herrenhäuser mit ihren prächtig geschnitzten

Eingangstüren und den zierlichen Kaminen.

ⓘ VVV, Dam 2, NL-1671 AB Medemblik.
Hoorn (während der Saison).
Ⓗ **Het Wapen van Medemblik**, Oosterhaven 1, NL-1671 AA Medemblik, ☎ 3844, gehobene Gastlichkeit in geschichtsträchtiger Umgebung. $

So prächtige Straßenorgeln sieht man immer wieder im Straßenbild. Manchmal werden sie noch von Pferden gezogen.

Den Helder (61000 Einw.) besitzt einen der tollsten Strände. Die Stadt an der Nordspitze Westfrieslands ist Heimathafen der Kriegsmarine, die hier ihre Königliche Kadettenanstalt und die Reichswerft unterhält. Napoleon wollte ein „Gibraltar des Nordens" aus der Stadt machen. Ganz so weit ist es dann aber doch nicht gekommen. Zu besichtigen gibt es das *Kriegsmarinemuseum* (Hoofdgracht). Gezeigt werden Schiffsmodelle und Uniformen von 1813 bis zur Gegenwart.

Callantsoog (2700 Einw.). Das 580 ha große Naturreservat *Zwanenwater*, Heimat der größten Löffelreiherkolonie Europas, ist die Hauptattraktion. Im Sommer werden organisierte Touren veranstaltet.

ⓘ VVV, Jewelweg 8, NL-1759 HA Callantsoog, ☎ 1541.

Die Badeorte **Groet, Camperduin** und **Schoorl** behaupten, im Besitz der höchsten Dünen der Niederlande zu sein. Auf jeden Fall ist das ausgedehnte Sand-, Wald- und Dünengebiet kilometerlang und bietet sich für ausgedehnte Wanderungen an.

Bergen (14000 Einw.) gibt es in Noord-Holland gleich zweimal: Da ist der Badeort **Bergen aan Zee** – und weiter im Land – **Bergen-Binnen**. Die alten Festungsbauten erinnern an den Kampf zwischen Geusen und Spaniern.

Alkmaar (90000 Einw.). Auch wenn die meisten nur

wegen des ***Kaasmarkt* (🕓 Mitte April–Mitte Sept. an jedem Freitag von 10–12 Uhr) kommen, lohnt sich abseits des Marktplatzes ein Spaziergang entlang der stilleren Grachten. Die *Waage* (1582) am Waagplein 2 war ursprünglich eine Kapelle, bevor sie zu weitaus irdischeren Zwecken, nämlich dem Wiegen der Käsekugeln, umgebaut wurde. Der Trompeter des Glockenspiels auf dem Turm bläst zum Ritterturnier, das sich zu jeder vollen Stunde in Bewegung setzt. *St. Laurenskerk* im Westen der Altstadt ist die größte spätgotische Kirche Noord-Hollands. Auch die Giebelsteine vieler Häuser verdienen wahrgenommen zu werden, halten sie doch Legende, Geschichte und Histörchen in Stein und Farbe fest. Stimmungsvoll sind die Innenhöfe, von denen Alkmaar mit dem *Hofje van Splinter* (Ritzevoort 2) mit dem hölzernen Tonnengewölbe und der alten Pflasterung eines der ältesten besitzt.

ℹ VVV, Waagplein 3, NL–1811 JP Alkmaar.
Ausflüge nach Amsterdam, Alkmaardermeer und Zaanse Schans.
Grachtenrundfahrten vom Waagplein, gegenüber dem VVV.
Motel Alkmaar, Arcadialaan 2, ☎ 40 14 14, zentral gelegen. ($)

Südlich von Alkmaar beginnt die **Bloembollenstreek,** die Blumenzwiebelstraße. Die Blumenzucht en gros verwandelt vor allem im Frühling die Landschaft in einen farbenprächtigen Fleckenteppich. In **Egmond aan de Hoef** sind noch die Ruinen des Schlosses zu sehen, das dem berühmten, 1568 in Brüssel enthaupteten Grafen gehörte. Eine sehr alte Siedlung ist **Egmond Binnen,** gegründet um 700 von Adalbert, einem Anhänger Willibrords. Als man nach Adalberts Grab suchte, so erzählt die Legende, entsprang bei seinen Gebeinen ein Brunnen. Noch immer kommen Pilger in den Wallfahrtsort. **Egmond aan Zee** ist ein Badeort mitten in den Dünen. **Castricum** ist, wie archäologische Funde andeuten, schon in prähistorischer Zeit bewohnt gewesen.

Beverwijk (36 000 Einw.) ist durch die Eingemeindung der alten Dörfer *Velsen* und *IJmuiden* an der Mündung des Nordseekanals zu einer Einheit als Industriestandort zusammengewachsen. Im Kern der drei Ortsteile und in der nächsten Umgebung der Stadt finden sich noch Spuren der Vergangenheit in Form hochherrschaftlicher Landsitze. Das schöne Haus *Scheybeeck* aus dem 17. Jh. in Beverwijk beherbergt heute das Museum des Kennemerlandes. (Westerhoutplein 1, 1943 AA Beverwijk, 🕓 Mi, Sa, So 14–17 Uhr). Sehenswert sind komplett eingerichtete Zimmer, darunter eines im Stil Louis' XV. Interessant sind auch die topographischen Karten dieses Gebiets. Auf ihnen läßt sich genau verfolgen, wieviel Land zu welchem Zeitpunkt dem Meer abgetrotzt wurde. Zu einem Museum wurde auch das **Landgut Beeckestestijn** in Velsen, Rijksweg 136 umgewandelt.

Schon im 14. Jh. urkundlich erwähnt, wechselte es gut dreihundert Jahre später in den Besitz eines Amsterdamer Kaufmanns über, der es zu einem typischen *buitenplaats,* einem prächtigen Landhaus, umbauen ließ. Das Amsterdamer Rijksmuseum stattete den schloßähnlichen Bau dann mit Möbeln, Gemälden und Kunstgegenständen des 18. Jhs. aus.

Nicht zu vergessen der Park, zum Teil im strengen geometrischen Stil „all'italiana" angelegt, der Rest als englischer Landschaftsgarten.

Ganz wuchtiges Mittelalter ist die abweisend wirkende Burgruine **Brederode** bei Santpoort. Seit sage und schreibe über hundert Jahren (ab 1862) ist man dabei, sie aus den Sandverwehungen herauszuschaufeln. Die Burg steht in unmittelbarer Nähe des **Nationalparks Kennemerduinen,** der sich zum Meer hin öffnet. Inmitten des Naturschutzgebiets liegen, versteckt zwischen Dünen, Süßwasserseen, die zum Schwimmen freigegeben wurden. Im Winter werden sie bei anhaltendem Frost von den Schlittschuhläufern bevölkert.

Route 8

Industrie, Polder und „gezelligkeit"

Die Provinz Zuid-Holland (131 km)

Das Sleutal-Haus in Dordrecht.

Abgesehen von den bekannten Nordseebädern Scheveningen, Noordwijk oder Katwijk dürfte diese Provinz bestimmt nicht die große Liebe auf den ersten Blick sein. Hafenanlagen, Industriezonen und ein Wirrwarr aus Kanälen zur Wasserregulierung sind Hindernisse auf dem Weg zu den touristischen Sehenswürdigkeiten. Jenseits von Raffinerien, Fabriken und Schornsteinen findet sich der Besucher dann unversehens im „Goldenen Zeitalter" der Niederlande wieder: ob im Porzellanstädtchen Delft, in der Stadt der Regierungsbeamten Den Haag, im alten Dordrecht, in der Universitätsstadt Leiden, die vor 400 Jahren den Spaniern widerstand, oder in Gouda mit den kostbaren Glasmalereien in der St. Janskerk. Auch wenn sich die Flügel der Mühlen von Kinderdijk nur noch dekorativ für die Touristen während der Hauptsaison drehen, ist der Spaziergang entlang den 19 Mühlen mit dem Blick aufs einige Meter tiefer gelegene Polderland so etwas wie ein Lehrpfad: Auf anschauliche Weise bekommt man eine Vorstellung von der Bedeutung der windbetriebenen Pumpen bei der Trockenlegung des unter dem Meeresspiegel liegenden Landes.

Grachtenhäuser in Volendam in der Provinz Noord-Holland.

* **Dordrecht** (108 000 Einw.). Die einst reiche und bedeutende Stadt, eine der ältesten der Niederlande (1220), verlor ihre glänzende wirtschaftliche Position, als ihr zuerst im 18. Jh. Antwerpen und

Farbenprächtiges Glasfenster in der Grote Kerk von Gouda.

8

dann Rotterdam den Rang abliefen. Noch heute besitzt sie einen der schönsten * *Flußkais* des Landes. Im Zentrum von Dordt, wie das alte Dordrecht auch genannt wird, laufen Merwede, Noord und Oude Maas zusammen, die zu den meistbefahrenen Binnenschiffahrtswegen Europas gehören. Mächtige Schubschiff-Verbände pendeln zwischen Rotterdam und dem Ruhrgebiet hin und her. *Giebelhäuser,* reizende *Hofjes* und die *Lieve Vrouwekerk* bzw. *Grote Kerk* (Liebfrauenkirche) sowie das Museum *Mr. Simon van Gijn* (Kunstgewerbe und Stadtgeschichte (Nieuwe Haven 29, ◷ Di–Sa 10–17 Uhr, So 13–17 Uhr) tragen zur typischen Atmosphäre einer altniederländischen Stadt bei. Insgesamt wurden 800 Gebäude unter Denkmalschutz gestellt. Aber zurück zur *Grote Kerk:* Sie ist ein gutes Beispiel der Brabanter Gotik. Ihr unvollendeter 70 m hoher Turm ist leicht geneigt und bietet eine gute Aussicht. Eine Attraktion sind die Glockenspielkonzerte während der Saison. In der Kirche sollte man sich das kostbare Chorgestühl, die Chorschranken, die Orgel und die Glasmalereien ansehen.

Bei Dordrecht beginnt das Naturschutzgebiet **Biesbosch.** Die Wasserlandschaft entstand 1421 durch die St.-Elisabeths-Flut. Dieses Natur- und Vogelschutzgebiet läßt sich per Rad oder mit kleinen Segelbooten und Kanus erkunden.

ⓘ VVV; Stationsweg 1, NL-3311 JW Dordrecht, ☎ 13 28 00, Fax 13 17 83.
Bahn Rotterdam–Gorinchem.
Ⓗ **Dordrecht,** Achterhakkers 12, ☎ 13 60 11. Das Hotel liegt mitten im Hafengebiet. Ⓢ
De Hollandse Biesbosch, Baanhoekweg 25, ☎ 21 21 67, freundliches Hotel außerhalb des Stadtzentrums im Nationalpark De Hollandse Biesbosch. Vor der Tür des Hotels beginnt der Freizeitsport: Radfahren, Segeln, Surfen, Paddeln. Ⓢ

Zum Pflichtprogramm einer Zuid-Holland-Fahrt gehört der Ausflug nach **Hoek van Holland.** Von der 4,5 km langen Mole bietet sich ein herrlicher Blick auf den regen Schiffsverkehr: Der *Nieuwe Waterweg* (Neuer Wasserweg) stellt die Verbindung zwischen Rotterdam und der Nordsee dar.

** **Kinderdijk.** Kein Reiseveranstalter würde es wagen, die 19 hintereinander aufgereihten Windmühlen 17 km südöstlich von Rotterdam auszulassen. Natürlich pumpen sie längst kein Wasser mehr. Aber neben dem Keukenhof (s. weiter unten) gehören sie in diesem Land zu den am meisten fotografierten Motiven. Zwischen April und September kann die mit einer Flagge gekennzeichnete Mühle besichtigt werden. In den Monaten Juli und August drehen sich tagaus, tagein ihre Flügel, und zum Schluß der Saison werden sie jeden Abend dann zusätzlich fotogen angestrahlt.

Rund 7 km Parklandschaft trennen das Nordseebad **Scheveningen** vom Regierungssitz Den Haag. Das zur Jahrhundertwende gebaute * *Kurhaus* von Scheveningen ist allen baulichen Veränderungen zum Trotz der Mittelpunkt des Ortes geblieben.

Nach kurzer Fahrt (12 km) in nördlicher Richtung ist mit * **Wassenaar** ein Villenvorort erreicht, dessen Bungalows ein Beispiel für gekonnte moderne Wohnarchitektur sind. Hier leben bevorzugt Diplomaten ausländischer Vertretungen. Groß ist der Publikumsandrang im archäologischen Freizeitpark * *Archeon,* der jüngsten Attraktion von Wassenaar. Auf einer Fläche von 60 ha, also 100 Fußballfeldern, spaziert der Besucher von einer erdgeschichtlichen Epoche in die andere. Als Eingangsportal an der Archeonlaan 1 wurde der niederländische Pavillon von der Weltausstellung in Sevilla wiederverwendet (◷ März bis 31. Okt. tgl. 10–18 Uhr).

Wesentlich bescheidener als die vornehmen Villen in Wassenaar gibt sich das Spinozahäuschen in **Rijnsburg,** in dem der Philosoph Baruch de Spinoza von 1661 bis 1663 lebte.

Im Dreieck Den Haag, Delft und Hoek van Holland liegt das **Westland.** Seine Gewächshäuser, die eine Fläche von 3500 ha Land bedecken, haben ihm den Namen „Gläsernes Land" eingebracht.

Lisse (20000 Einw.). Im Herzen der bekannten *Bloembollenstreek*, der Blumenzwiebelgegend, kann man im April und Mai die Farborgie von „Narzissen und den Tulipan" im Park ***De Keukenhof* erleben.

Ein Tip: Man sollte Wochenenden meiden, ☏ 14262.

ℹ VVV, Grachtweg 53, NL-2161 HM Lisse.

Leiden (s. S. 34) bietet sich hervorragend als Ausgangspunkt für eine Bootsfahrt nach **Alphen aan de Rijn** mit dem Vogelpark *Avifauna* an (Ausgangspunkt ist Beestenmarkt).

** **Gouda** (66000 Einw.). Kaas bedeutet Käse, der in Gouda selbst schon lange nicht mehr hergestellt wird, aber zur

Das Rathaus in Gouda.

Statussymbol Tulpe

Tulpen, Windmühlen, Holzschuhe und Käsekugeln sind nicht zuletzt durch die Fremdenverkehrswerbung so etwas wie Synonyme für dieses Land geworden. Wer erinnert sich schon, daß die Tulpe das Statussymbol des erfolgreichen Kaufmanns im „Goldenen Jahrhundert" war. Ab 1634 begannen die Preise für die heiß begehrten Zwiebeln aus dem Nahen Osten in astronomische Höhen zu klettern. Ein ganzes Volk verfiel der *bollenraserie*. Nachweislich erlag auch der berühmte Rembrandt diesem Fieber. Auf einer Auktion wurden 1637 dann 30000 Gulden für drei Zwiebeln der Sorte Semper Augustus bezahlt, so viel, wie damals ein Grachtenhaus in Amsterdams noch immer teuerster Gegend, am Singel, der Heren- oder Keizersgracht, wert war.

Bekanntermaßen sind heutzutage der Export der frischen Schnittblume sowie der Handel mit den Blumenzwiebeln ein wichtiger Wirtschaftsfaktor. Flächendeckend werden Tulpen auf den *Bollenveldern* um Lisse, Hillegom, Anna Paulowna in Noord-Holland, in Flevoland und Oude-Niedorp in der Nähe von Alkmaar angepflanzt.

Von April bis Mai besuchen jährlich mehr als 600000 Touristen diese Gebiete und lassen mehr als 190 Mio. Mark im Land. Allein im **Keukenhof bei Lisse drängeln sich alljährlich zur Tulpenblüte 850000 Besucher.

Nicht so berühmt, aber kaum weniger farbenprächtig ist der große Tulpengarten Hortus Bulborum (10. April–14. Mai) im Dorf Limmen.

Freude der Touristen jeden Donnerstag vormittag im Juli und August auf dem *Kaasmarkt* angeboten wird. Und natürlich werden die begehrten Kugeln schon lange nicht mehr in Handarbeit, sondern in der hochtechnisierten Käsefabrik im nahen **Bleskensgraaf** (jährlich 19000t) produziert. Übrigens sind die gelben Kugeln nur für den Verkauf im Land vorgesehen, die roten gehen in den Export. Das Pfeifenmuseum *De Moriaan* (Westhaven 29, ⌚ Mo–Sa 10–17 Uhr, So 12–17 Uhr) ist stilecht in einem Tabakgeschäft aus dem 18.Jh. untergebracht. Seit dem 17.Jh. werden in Gouda jene langen Tonpfeifen hergestellt, die sich heute bei den Touristen so großer Beliebtheit erfreuen.

🛈 VVV, Markt 27, NL-2801 JJ Gouda, ☎ 132800, 📠 131783.
Ⓡ **Gril Campanile,** Kampenringweg 39/41, NL-2803 PE Gouda, ☎ 135555, französische Küche. Ⓢ

Schoonhoven (11000 Einw.) lebt noch immer gut von der Kunst der Gold- und Silberschmiede. Nahe der *Waag* (Waage, 1617) vermittelt das *Nederlandse Goud-, Zilver- en Klokkenmuseum* (Silber- und Uhrenmuseum) Einblicke in alte Handwerkstechniken. In der *St. Bartholomäuskerk* ist Oliver von Noort begraben. Er umsegelte als erster Niederländer die Welt.

Mit der Autofähre geht es über den Lek, einen Mündungsarm des Rheins, nach

Gorinchem (29000 Einw.). Die Stadt am Kreuzungspunkt alter Handelswege hat aus wohlhabenderer Zeit viele bemerkenswerte Renaissancegiebelhäuser vorzuzeigen.

Der historische Hafen in der Innenstadt ist nach einer Restaurierung Mitte der 80er Jahre zum Treffpunkt vieler Freizeitkapitäne geworden, die Gorinchem, oft auch Gorcum genannt, ansteuern.

Manche kommen auch wegen Chefkoch Willem Uittenbogaard. Seine Fischspezialitäten sind weit über die Landesgrenzen hinaus berühmt. Ⓡ **Merwezicht,** Eind 19, ☎ 60522. Ⓢ

Route 9

Für alle Zeiten dem Meer entrissen

Die Provinz Zeeland (263 km)

Wo gibt es in Europa schon Strände bis zu einer Länge von 70 km? Die südwestliche Ecke der Niederlande weckt Entdeckerfreuden. Da gibt es lange Dünenketten, blau blühende Flachsfelder, Flächen gelben und orangefarbenen Mohns vor einem Himmel mit dicken Blumenkohlwolken und schnurgerade schattige Alleen auf Deichkronen. Kein Wunder, daß sich immer wieder Maler hierher verirrten. Piet Mondrian zählt neben dem Symbolisten Jan Toorop zu den bekanntesten. Im zeeländischen Domburg verbrachten sie viele Sommer. Die Dörfer schmücken sich hier mit riesigen Kirchen, Städte mit prunkvollen Rathäusern. Und die Menschen? Geprägt durch den Jahrhunderte währenden erbitterten Kampf gegen das Wasser, besitzen sie weder die Freude an Festen wie der Südniederländer noch die stete Bereitschaft zum Lachen wie die Menschen in Gelderland oder gar den gelegentlich bissigen, intellektuellen Witz des Amsterdamers. Ihre Freundlichkeit drückt sich nicht unbedingt durch ein Lächeln aus, Charme wird durch sachliche Pflichterfüllung ersetzt, auch dann, wenn in der Hochsaison von Juni bis August die Strände der Provinz überfüllt sind.

Tholen

Bauernland und pappelbepflanzte Deiche sind die typischen Charakteristika der Insel Tholen, die mit dem Festland durch zwei Brücken über den *Schelde-Rijnkanaal* verbunden ist.

Tholen (5700 Einw.). Der Name des Städtchens leitet sich vom niederländischen Wort „tol" ab, dem Zoll, den die Schiffer hier einst zu entrichten hatten. An die wirtschaftliche Blüte erinnern das *Stadhuis* (1460) und die *Onze Lieve Vrouwekerk,* beide am Marktplatz. Die Liebfrauenkirche mit dem dreischiffigen Langhaus ist ein phantastisches Beispiel ausgereifter Brabanter Gotik.

Am Hafenplein in Zierikzee.

Schouwen Duiveland

Nach Schouwen Duiveland geht es durch den **Anna-Jacoba-Polder.** Diese Insel ist durch den *Philipsdam* mit dem Festland verbunden.

Bruinisse ist weithin bekannt für seine Muschelkulturen. Wen wundert's, daß zum Auftakt der Saison im Juli die Wahl der Muschelkönigin im Mittelpunkt steht. Ansonsten gibt sich das Fischerdorf eher bescheiden. Im Museum *Oudheidkamer* (Oude Straat 27, ⌚ 15. Mai bis 15. Sept. Mo–Fr 13.30 bis 16 Uhr) sind Trachten ausgestellt. * **Dreischor** (870 Einw.) ist ein Dörfchen abseits der Touristenströme. Eine Häuserzeile umrundet die lindengesäumte Gracht, im Zentrum steht auf einem sanften Hügel die gotische Dorfkirche.

Sint Lievensmonstertoren in Zierikzee.

* **Brouwershaven** (1400 Einw.) war zu seiner Blütezeit Vorhafen und Stapelplatz für Rotterdam. Nun liegen die Hafenbecken mitten in der Stadt vor dem elegant wirkenden *Raadhuis* mit dem schwungvollen Giebel, auf dem eine Justitia balanciert. Um die *Wälle* lohnt sich ein Spaziergang. Sehenswert sind die *Mühle* am Krabbendijk und vor allem die * *Niclaaskerk,* ein riesiger Bau im Stil der Brabanter Gotik.

Haamstede (2300 Einw.). Zusammen mit *Renesse* und *Burgh* entstand die Gemeinde Westerschouwen vor Dünenketten, die tief ins Hinterland greifen. Ihrer ernsten Kargheit verleiht der rotweiß ge-

9

ringelte Leuchtturm einen heiteren Akzent. An die „verdronken dorpen" – die ertrunkenen Dörfer – erinnert der *Plompe Toren,* der von der Koudekerke übrigblieb.

Eilige setzen die Route über den Oosterscheldedam nach *Serooskerke* auf Walchern fort, während Genießer den Weg entlang der Oosterschelde nach ***Zierikzee** (9800 Einw.) wählen. Der Hauptort von Schouwen Duiveland ist ein anheimelndes Städtchen, vor dessen altertümlicher Kulisse sich an Markttagen buntes Leben abspielt. Salz- und die Gewinnung von Krapp, einem Pflanzenpulver, das Textilien einen warmen Rotton verleiht, brachten Wohlstand. Die Verteidigungsanlagen waren gegen den Landhunger der flandrischen Grafen gerichtet. Drei Stadttore blieben: die *Noordhavenpoort,* die *Zuidhavenpoort,* die sich mit weißer Zugbrücke besonders fotogen gibt, und die nicht ganz so dekorative *Nobelpoort.* Würdevoll wirkt das *Raadhuis* (15.–16. Jh.), das jetzt auch das kleine *Gemeentemuseum* beherbergt. Auf dem kräftigen Turm balanciert ein vergoldeter Neptun. In Zierikzee stehen mehr als 600 Objekte auf der Denkmalsliste, darunter die zwei gotischen Häuser in der *Meelstraat.* Der toskanische Portikus am *St. Elisabethsgasthuis* am Havenplein wirkt befremdlich. Herrliche Patrizierhäuser gibt es am *Havenplein,* am *Oude Haven* und im *Havenpark.*

ℹ VVV, Havenpark 29, NL–4301 JG Zierikzee, ☎ 12450.
Ⓗ **Schuddebeurs,** Donkerweg 35, NL–4317 NL Schuddebeurs, ☎ 15651; etwas außerhalb gelegen, bietet das Hotel mit Restaurant selbst in der Hochsaison Ruhe. Ⓢ

Noord-Beveland

Wenige Kilometer südlich von Zierikzee verläuft die Straße über die fast 5 km lange *Zeelandbrug* (Seelandbrükke, Maut!), die mit **Colijnsplaat** Noord-Beveland erreicht, wo Tourismus und

Krabbenfang die Lebensgrundlage bilden. **Wissenkerke** und Vogelschutzgebiete liegen an der Strecke nach *Kamperland* am Veerse Meer, Ziel vieler Wassersportler.

Walcheren

***Veere** (1300 Einw.), die alte Festungs- und Handelsstadt jenseits des Veerse-Damms, verdankte in der Vergangenheit ihren Wohlstand dem Handel mit schottischer Wolle und Tuchen; daran erinnern die gotischen *Schotse Huizen* am Jachthafen, die jetzt in ein Museum (Kaai 25–27, ⌚ 1. April–31. Okt. Di–Sa 10–17 Uhr, Juni–Aug. auch So 13 bis 17 Uhr) umgewandelt wurden. Gezeigt werden Trachten, Möbel und Atlanten.

Zu den sehenswerten Bauten gehören außerdem das ebenfalls gotische *Stadhuis* und die spätgotische *Grote Kerk*. Hinter den Mauern des Stadtturms *Campveerse Toren* (15. Jh.) feierte Wilhelm von Oranien seine Hochzeit. Sowohl das *Stadhuis* von Veere als auch

Middelburg aus der Vogelperspektive.

das von * **Middelburg** (39000 Einw.), dem Hauptort der Provinz, wurden vom gleichen Baumeister errichtet. Ähnlichkeiten lassen sich leicht feststellen. Die Architektenfamilie Keldermans aus Mechelen verstand nicht nur ihr Handwerk, sondern wußte Bürgerstolz durch den etwas bombastischen Stil der flämischen Gotik Ausdruck zu verleihen. Das *Stadhuis* Middelburgs ist nach den Zerstörungen im Zweiten Weltkrieg mustergültig wiederaufgebaut. Als weitere Beispiele einer gelungenen Restaurierung sind die Giebelhäuser an der *Spanjaard-* und *Bellinkstraat* zu nennen.

Middelburg ist eine sehr alte Siedlung. Vielleicht entwickelte sie sich aus einem Verteidigungswerk der karolingischen Epoche, möglicherweise aber auch im Schutz einer Festung des Wikingerkönigs Harald, der von Kaiser Lothar 841 mit Walcheren belehnt wurde. Aus der Nikolauskapelle der flämischen Schiffer entwickelte sich die *Abdij* (Abtei). Zu Beginn des 12.Jhs. war sie Mittelpunkt der Stadt, nun wird sie u.a. als Museum (Damplein, Sammlungen zur Provinzgeschichte Zeelands) genutzt. Zeugnisse der glorreichen Zeit sind Kaufmanns- und Patrizierhäuser am *Rotterdamse- Rouaanse- und Londensekai.*

VVV, Markt 65a, NL-4331 LL Middelburg, ☎ 16851.
Rundfahrten Veerse Meer (Auskunft VVV).
De Nieuwe Doelen, Loskade 3-7, ☎ 12121, einfaches Hotel mit viel Atmosphäre direkt am Kanal. ($)
Du Commerce, Loskade 1, ☎ 36051, etwas mondäner, ohne daß die Ungezwungenheit darunter leidet. ($)

Von Middelburg empfiehlt sich der Umweg von 11 km nach **Domburg,** dem ältesten Seebad Zeelands. Im 19.Jh. weilte hier mit Vorliebe Rumäniens Königin Carmen Silva. Vor ihr waren allerdings schon die Römer da, die von hier aus nach England in See stachen. Im nahen **Westkapelle** sollen die Normannen den Fuß an Land gesetzt haben. Ein Kuriosum immerhin der ehemalige Kirchturm, der jetzt als Leuchtturm genutzt wird. Beide Orte haben sich zu beliebten Urlaubszielen entwikkelt.

Über *Zoutelande,* das sich etwas zu euphorisch als „Riviera Zeelands" bezeichnet, erreicht man den Hafen der Industriestadt (Schiffsbau)

Vlissingen (46000 Einw.). Von hier aus setzen regelmäßig Fähren ins zeeländische Flandern, nach *Breskens,* über. Der rege Schiffsverkehr läßt sich am besten vom 2km langen Südboulevard aus beobachten. Typisch für das Straßenbild der Stadt sind die vielen „Blauen Jungens", die hier die berühmte Marineschule des Landes besuchen.

VVV, Nieuwendijk 15, NL-4381 BV Vlissingen, ☎ 16851, FAX 40764.
Strandhotel, Boulevard Eversten 4, NL-4382 AD Vlissingen, ☎ 12297, direkt am Strand. ($)

Zeeuws Vlaanderen

Zeeländisch Flandern ist tatsächlich mehr flämisch als niederländisch, und so steht hier auch der einzige mittelalterliche Belfort auf niederländischem Boden, der für flandrische Städte so charakteristisch ist.

Sluis (3500 Einw.) war im Mittelalter Vorhafen von Brügge. Nach der Versandung des schiffbaren Meeresarms hat das Städtchen die guten Zeiten weit hinter sich gelassen. Ein Fußweg führt um die Stadt über die alten *Wälle* mit ihren sechs Bastionen herum. Die Mühle *De Brak* (Nieuwestraat 26) ist während der Sommermonate zu besichtigen (Ostern bis Mitte Sept. tgl. außer Fr 10–17 Uhr). Von der Balustrade aus reicht der Blick bis zum Naturschutzgebiet *Het Zwin* in Belgien.

Wer direkt nach IJzendijke weiterfährt, versäumt eine der ältesten Städte Zeelands, nämlich **Aardenburg** (4000 Einw.). Schon die Römer schlugen dort ein Heerlager auf, und im Mittelalter wurde Aardenburg zusammen mit Gent und Brügge in einem Atemzug als wichtiger Handelsplatz genannt. Von großer kulturhistorischer Bedeutung sind die ausgemalten Sarkophage in der Sint-Baafs-Kerk, die 1947 bei Restaurierungsarbeiten entdeckt wurden.

IJzendijke (2400 Einw.). Auch dieser kleine gemütliche Ort blickt auf eine spätmittelalterliche Vergangenheit als Festungsstadt zurück, von der aber nur eine Gracht übrigblieb.

Als Umschlagplatz für Wolle war die Stadt Mitglied der Hanse. Der *Grote Markt* des heutigen Landwirtschaftszentrums ist noch immer von einigen hübschen Giebelhäusern eingerahmt. Er war unter Prinz Maurits (1567–1625) Paradeplatz für seine Soldaten. Während des alljährlichen *Folklorefestes* im Juli werden alte Handwerkskünste wieder lebendig.

Schleuse bei Volkeraksluizen 3,5 km westlich von Willemstad.

** Delta Plan

Der Delta Plan ist das großartigste Wasserbauprojekt, das in den Niederlanden je verwirklicht worden ist. Die Bauarbeiten dauerten insgesamt rund 30 Jahre und kosteten etwa 13 Milliarden Gulden, wovon allein der 3 km lange Speerdamm, der aus 65 bis zu 45 m hohen Türmen besteht, knapp 8 Milliarden verschlang. Auslöser für den Bau war die Sturmflut von 1953, die 1800 Menschen das Leben kostete. Weite Teile Zeelands standen damals total unter Wasser.

Durch den Delta Plan wurde die Küstenlinie um mehrere hundert Kilometer verkürzt, womit die Gewalt des Meeres bei Sturmfluten weitgehend gebrochen werden konnte. Um die nachteiligen Folgen des Großprojekts für Flora und Fauna und die ertragreichen Austernbänke möglichst gering zu halten, wurde der Plan zur Absperrung der Oosterschelde dahingehend geändert, daß statt des geplanten Hauptdamms nun der „Pfeilerdamm" errichtet wurde. Im Rhythmus der Gezeiten kann nun das Meereswasser ungehindert weiter in die Oosterschelde vordringen.

Dank des Damms gehört die Oosterschelde jetzt zu den saubersten Gewässern und hat sich auch deshalb zu einem beliebten Tauch- und Surfrevier entwickelt. Neben Austern- und Muschelzucht wurden weite Gebiete als bevorzugter Nistplatz von Wasservögeln entdeckt.

Im Modell kann die architektonische Glanzleistung niederländischer Ingenieure in der Ausstellung * Delta Expo auf der Insel Neeltje Jans (Burgh Haamstede, ⏲ 1. April bis 31. Okt. tgl. 10–17 Uhr, auch Rundfahrten möglich; 1. Nov. bis 31. März Mi–So 10–17 Uhr) besichtigt werden.

Hulst (18500 Einw.). Wälle und Bastionen schließen den früher strategisch wichtigen Ort nahe der Grenze zu Belgien ein. Auffallendstes Bauwerk ist die spätgotische *Willibrorduskerk* als Ortsmittelpunkt. Sie trägt einen für Zeeland ungewöhnlichen Vierungsturm. Das *Stadhuis* (1534) liegt gegenüber am Markt. In der *Steenstraat* blieben sehenswerte Häuser mit Spitz- und Treppengiebeln erhalten. In **Perkpolder** wird die Weiterfahrt mit der Fähre über die Westerschelde Kruiningen fortgesetzt.

Zuid-Beveland

Quer durchs Bauernland verläuft die Route über einen Umweg nach **Yerseke** an der Nordwestküste, wo man alles Wissenswerte über Austern- und Muschelzucht erfahren kann.

* **Goes** (32000 Einw.) hat seine Funktion als Hauptstadt von Zuid-Beveland mit einem eindrucksvollen *Raadhuis* am Grote Markt aus dem 14. Jh. betont. Bei Restaurierungen wurden die Zutaten des 18. Jhs. entfernt. Umso befremdlicher wirken das Stilgemisch des gotischen Turms und des Rokokogiebels. Dem Ratssaal ließ man zum Glück die fröhlichen Putten.

Weiter lohnt sich am Grote Markt vor allem der Besuch der in Brabanter Gotik errichteten *Maria Magdalenakerk*, die eine wahrhaft pompöse Orgel im Chor – einem sonst dem Hochaltar vorbehaltenen Platz – bewahrt. Im Sommer werden Konzerte gegeben. Auch die *Wälle* um Goes wurden mit Wegen friedlichen Zwecken angepaßt. An jedem letzten Samstag im Monat gibt's einen „Snuffelmarkt", einen Flohmarkt.

ℹ VVV, Stationsplein 3, NL-4461 HP Goes, ☏ 20577.
Ⓗ **De Terminus,** Stationsplein 1, NL-4461 HP Goes, ☏ 30085, gepflegte zeeländische Gastlichkeit. $
Ⓡ **Café-Restaurant De Stadsschuur,** Schuttershof 32, ☏ 12332. Krebs-, Muschel- und Fischgerichte sind Spezialitäten des Hauses. $

Route 10

... und immer wieder ein bißchen van Gogh

Die Provinz Noord-Brabant (215 km)

Geheimnisvolle Moore und moderne Industriestädte, malerische Uferpanoramen und ein Gewirr von Kanälen im einzigen europäischen Süßwasserdelta Biesbosch. Hinzu kommen bedeutende, geschichtsträchtige Städte. Aber es gibt auch Heidegebiete und weite Dünen wie die Loonse en Drunense Duinen oder den Brabantse Sahara genannten Naturschutzpark. Ursprünglich sind dies im Abseits gelegene Täler, durch die sich unregulierte Bäche winden. Und irgendwann glaubt man, die Landschaft schon einmal gesehen zu haben: Erinnerungen an Bilder von van Gogh. Der neben Rembrandt bekannteste niederländische Maler wurde in Zundert geboren, ging in Zevenbergen zur Schule und lebte einige Jahre in Nuenen bei Eindhoven, ehe er nach Frankreich auswanderte.

Inmitten von Kornfeldern recken sich wuchtige Türme kleiner Bauernkirchen in den Himmel. Fast monumental auch die Gehöfte: Mensch und Tier leben unter einem langgestreckten Reetdach. Und wer Noord-Brabant sagt, darf den Karneval nicht vergessen.

** **'s-Hertogenbosch** (90000 Einw.), mit der niederländischen Neigung zu Kürzeln „Den Bosch" genannt, wuchs im frühen Mittelalter um ein Kastell.

Mit Hieronymus Bosch (1450–1516) ging der Name in die Kunstgeschichte ein, doch trifft man in seiner Vaterstadt kaum noch auf Spuren des malenden Visionärs aus der Zeit des ausgehenden

Mittelalters. Die moderne phantastische Kunst wurde jedoch von seinen wiederentdeckten Bildern sehr stark beeinflußt. Zwei ihm zugeschriebene Türbilder befinden sich in der Kathedrale *St. Jan*. Die Kreuzbasilika ist einer der schönsten Sakralbauten im Stil der Brabanter Gotik der Niederlande. Wer sie von draußen von der „Parade" her betrachtet, entdeckt im reichen Zierrat eine groteske Figurenwelt, die Bosch inspiriert haben könnte.

Prachtvoll ist das Interieur der fünfschiffigen Kirche, deren Bogen und Gewölbe von 150 Pfeilerbündeln getragen werden. Zu den weiteren Sehenswürdigkeiten zählt das *Stadhuis* mit einem klassizistischem Giebel am Markt.

Von Den Bosch sollte unbedingt ein Ausflug in die weite Landschaft der **Loonse en Drunense Duinen** eingeplant werden. Zu den weiteren Attraktionen der näheren Umgebung gehört das östlich von Den Bosch bei **Rosmalem** (Graafsebaan 133, ☏ 190 50) gelegene Automuseum *Autotron*. Neben zahlreichen Oldtimern lockt das Museum auch mit einem Verkehrspark für Kinder, einem Ferraricircuit und einer Jeepstrekke. Im sog. Haus der Zukunft werden futuristische Verkehrsprojekte vorgestellt. (🕓 2. April bis 23. Okt. tgl. 10 bis 17 Uhr.)

Ⓗ **Postiljon**, Burgemeester Burgerslaan 50, ☏ 191 51, sehr komfortables Motel. Ⓢ

Auf ***Heusden** an der Maas mit seinen 400 alten Häusern aus dem 16. und 17. Jh. und seiner vorbildlich restaurierten Festung und **Gertruidenberg** mit schönen Häusern aus dem 17. und 18. Jh. folgt ***Willemstad.** Das kleine Nest gehört zu den typisch niederländischen Spielzeugstädtchen, deren eigenwilliger Reiz im Spannungsverhältnis zwischen geringer Ausdehnung und städtischem Erscheinungsbild zu suchen ist.

Die Grote Kerk in Tilburg.

Das Rathaus in Bergen op Zoom.

Das Evoluon in Eindhoven.

Bergen op Zoom (46000 Einw.). Nicht zu Unrecht wird die Kirchturmspitze der *St. Gertrudiskerk* mit einer Pfeffermühle *(peperbus)* verglichen. Das *Stadhuis* (17. Jh.) sowie der ehemalige Markgrafenhof, genannt *Markiezenhof* (Steenbergsestraat), jetzt Museum u. a. mit prachtvollen Zimmern im Stil Louis XIV, XV und XVI, ⌚ Di–So 14–17 Uhr, machen die Stadt sehenswert.

In Baarle auf dem Weg nach Breda verläuft die Landesgrenze mitten durch Häuser, durch Wohnungen und quer über den Billardtisch im Café „Het Hoekske".

** **Breda** (119000 Einw.). Die Stadt verdankt ihren Glanz der Tatsache, daß sie seit 1402 Residenz der Nassauer war. Eindrucksvoll die im Stil Brabanter Gotik errichtete *Grote Kerk* am Grote Markt, deren 97 m hohe Türme weithin sichtbar sind. Im Innern liegt das prunkvolle Grabmal des Grafen Engelbrecht II. von Nassau. Beim Rundgang wird man unter anderem am *Raadhuis* am Grote Markt vorbeikommen. Hinter der schlichten Fassade verbergen sich eigentlich drei nebeneinanderliegende Häuser, die P. W. Schock, Baumeister der Prinzenfamilie, erst zu einer Einheit verband. In der ehemaligen Fleischhalle *Het Wit Lam* wurde das *Breda's Museum* mit einer Sammlung zur Stadtgeschichte eingerichtet (⌚ Mi–Sa 10.30 bis 17, Di–Fr 13–17 Uhr). Im ehemaligen *Kastell* wird heute in der „Koninklijke Militaire Academie" moderne Kriegsführung gelehrt.

ℹ VVV, Willemstraat 17, NL-4811 AJ Breda.
Ⓗ **De Klok,** Grote Markt 26-28, ☎ 214082, familiäre Atmosphäre im zentral gelegenen Hotel. $
Ⓡ **Le Canard,** Haagsemarkt, ☎ 221640, ein Top-Restaurant. $$

Tilburg (155000 Einw.). In der lebhaften Industriestadt (Wollwebereien) ist lediglich die neugotische *Grote Kerk* am Markt von einigem Interesse. Daß König Wilhelm II. 1831 nach seinem Feldzug gegen die aufständischen Belgier in Tilburg Rast machte, sollte weitreichende Folgen haben. Das Rathaus der Stadt wurde als königlicher Palast geplant, und selbst der Fußballklub der Stadt ist nach dem König benannt.

* **Oisterwijk** (18000 Einw.). Nicht ohne Grund wird der Ort aufgrund seiner Lage als „Perle von Brabant" bezeichnet. Das 600 ha große Heide- und Waldgebiet südlich der Stadt wurde zum Naturschutzpark *Oisterwijkse Vennen* erklärt. Die Moorseen zählen zu den beliebten Erholungsgebieten der Gegend.

Nuenen kurz vor Eindhoven hat sich zu einer weiteren Wallfahrtsstätte der Van-Gogh-Liebhaber entwickelt. Nachdem Vincent van Gogh aus Drenthe zurückgekehrt war, lebte er hier zwischen 1883 und 1885. Bekanntlich malte er hier sein berühmtes Bild „Kartoffelesser", das heute im Amsterdamer Van-Gogh-Museum hängt. Erzählt wird folgende Geschichte: Da es in diesem streng calvinistischen Land eine Sünde war, sich von einem Maler porträtieren zu lassen, wurde die Familie de Groot, die auf dem Bild zu sehen ist, zeitlebens geächtet. In Nuenen ist außerdem die Kirche zu besichtigen, in der van Goghs Vater Prediger war und die der Sohn malte. Und natürlich gibt es ein Van-Gogh-Denkmal, die Van-Gogh-Straße und das Van-Gogh-Dokumentationszentrum. In der Umgebung steht *Colls Wassermühle*, das Originalmotiv eines seiner Gemälde.

Eindhoven (192000 Einw.) ist eine moderne Industrie- und Universitätsstadt. Ende des 19. Jhs., genauer gesagt 1891, begann mit der Gründung der Philips-Werke der ungeahnte wirtschaftliche Aufschwung der Stadt. Die Produktion der Glühbirnen brachte ihr den Namen „Lichterstad" ein. In der Folgezeit kamen Betriebe der Papier-, Kunststoff- und Textilindustrie hinzu. Sehenswert sind die Sammlungen des *Van-Abbe-Museums* (Bilderdijklaan 10) mit einer ausgezeichneten Sammlung von Werken der Künstlergruppen De Stijl und COBRA (⌚ Di–So 11–17 Uhr).

Route 11

In den Bergen

Provinz Limburg (234 km)

Limburg ist ein schmales Stück Niederlande. Dem friedliebenden Urlauber von heute verrät ein Blick auf die Karte, daß neben der Farbe Grün vor allem das Blau für Wasser dominiert. Wer die Oberfläche aller Seen dieser Provinz addiert, kommt auf stattliche 5000 ha, und die Touristikwerbung spricht von 10000 Liegeplätzen für Boote. Aber es gibt auch Heidereservate und das Moorgebiet De Groote Peel, die trotz Grenznähe noch immer fast unbekannt sind.

Von Süd nach Nord zieht sich das Hügelland mit Erhebungen bis zu 321,4 m bei Vaals. Die hügelige Landschaft ist bei den radsportbegeisterten Niederländern Ausflugsziel und Trainingsstrecke gleichermaßen. Das Profirennen „Amstel-Gold-Race" wird hier ausgetragen, und in der jüngeren Vergangenheit war Valkenburg auch schon mal Etappenziel der Tour de France. Bäche, Hohlwege und schöne Ausblicke versprechen abwechslungsreiche Wanderungen. Schwarzweiß hebt sich das Fachwerk vom Grün der Weiden ab; die weiter nördlich verbreiteten Bauernhäuser um einen geschlossenen Hof erinnern da schon eher an rheinische Winzerhöfe. Und die lebendige Hauptstadt Maastricht ist seit den denkwürdigen Verträgen jedem Europäer ein Begriff.

Venlo (63000 Einw.) schätzen die Rheinländer als Einkaufsziel für Frischgemüse. Sehenswert ist das *Stadhuis* im Renaissancestil am Markt und das Chorgestühl der *St. Martinuskerk*. Im *Goltziusmuseum* (Goltziusstraat 21) wird Lokalgeschichte dokumentiert. Weite Spargel- und Erdbeerfelder sind typisch für die Gegend nördlich von Venlo. Zu den Sehenswürdigkeiten in der näheren Umgebung von Venlo zählt der Park des 10 km nördlich gelegenen Wasserschlosses von ***Arcen.** Auf einer Fläche von 25 ha blühen im Juni rund 20000 Rosen, grünen 150000 Pflanzen und mehr als eine Million Zwiebelgewächse. Es gibt zahlreiche Mustergärten.

Absoluter Clou der Anlage ist aber der Glasbau *Casa Verde:* Auf 3200 m² gedeihen hier subtropische Pflanzen.

ℹ Schloßgärten Arcen, Lingsforterweg 26, NL-5944 Arcen, ☎ 2435,
🕓 4. April bis 24. Okt. 10–18 Uhr.
Thermalbad Arcen, Klein Fink,
☎ 2424.

In **Venray** bestiecht im Innenraum der **Petruskerk* der außergewöhnlich umfangreiche Skulpturenschmuck, der im Gegensatz zu vielen anderen Kirchen zur Zeit der Bilderstürmer nicht zerstört wurde.

Von Horst aus erreicht man die Moorgebiete ****Marienveen** und ***Helena Peel,** weiter südwestlich schließt sich die Hochmoorlandschaft ***Groote Peel** an. Von allen Parkplätzen aus führen weite Wanderwege entlang der Kanäle tief in diese großartigen Naturschutzgebiete hinein.

Tegelen (20000 Einw.) Die Fähre gleitet über die Maas auf die zweitürmige *Kirche* (19. Jh.) der Steyler Patres zu.

Das **Museum der Missionare* (St. Michaelstraat) ist wegen seiner asiatischen Sammlungen einen Besuch wert. Wer ein Faible für ausgefallene Keramik hat, wird im *Pottenbakker Museum* (Kasteellaan 8b) auf seine Kosten kommen. Alle fünf Jahre (1995) finden Passionsspiele statt.

ℹ VVV, Spoorstraat 2, NL-5931 PT Tegelen, ☎ 731624, 📠 740444.

Landschaftlich reizvoll ist die Fahrt nach **Baarlo.** Das Waschhaus am Markt dürfte nach unserem heutigen Verständnis eines der Kommunikationszentren im Dorf gewesen sein. In unmittelbarer Nähe klapperte die Wassermühle am rauschenden Bach. In der Umgebung liegen mehrere Burgen und Landhäuser.

Burg Kessel war ein strategisch wichtiger Punkt, den schon die Römer zu nutzen wußten. Bei Ausgrabungen fand man innerhalb der Ringmauer die Reste eines Wohnturmes aus der Zeit um das Jahr 1000. Vielleicht handelt es sich um eine sog. Motte, wie sie als Verteidigungswerke gegen die Normanneneinfälle auf künstlichem Hügel errichtet wurden. Noch heute umgibt die Ruinen ein Hauch Mystik. Sogar ein veritables Gespenst soll sein Unwesen treiben. **Kasteel Horn** weiter südlich war im Besitz des Grafen gleichen Namens, der zusammen mit Egmont enthauptet wurde.

Malerisch erhebt sich gegenüber dem Fluß die Silhouette von **Roermond** (41 000 Einw.). Das geistliche Zentrum des katholischen Limburg hat im letzten Krieg sehr gelitten, doch gibt es aus der 750jährigen Kulturgeschichte einige Zeugnisse, die sich anzuschauen lohnen.

Vom Zisterzienserkloster der Grafen van Gerle blieb die ** *Munsterkerk* (Munsterplein) als herausragendes Beispiel romanisch-gotischer Baukunst im Kulturraum Rhein-Maas erhalten. Einflüsse des Kölner Doms sind hier abzulesen. Die vier Türme wurden dem schlichten Zisterzienserbau erst im 19. Jh. von dem bekannten Roermonder Architekten Pierre Cuypers – er baute vor allen Dingen in Amsterdam – hinzugefügt.

Das Innere des Münsters ist weit und licht; die Seitenschiffe tragen Emporen, die Bogen stützen sich auf romanische Kapitelle. Zum Interieur zählt ein Brabanter Schnitzaltar. Unter der Kuppel stehen die Sarkophage des Gründerehepaars Graf Gerard V. von Gelre und Margaretha von Brabant. In der Kathedrale *St. Christoffel* (15. Jh., am Markt)

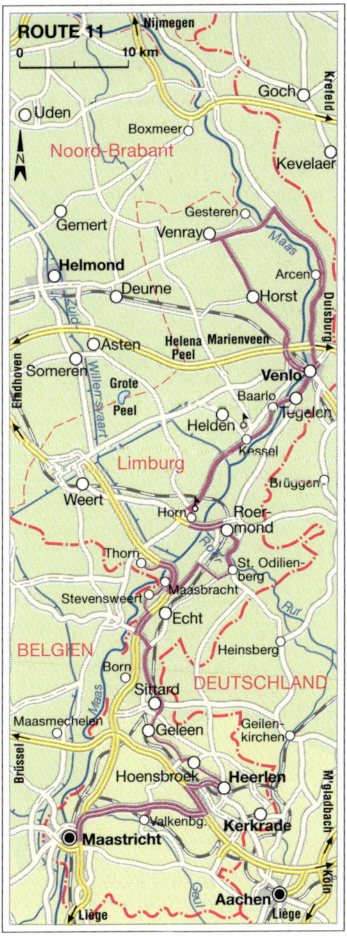

sind u.a. Sakramentsaltar (16. Jh.) und Kanzel (18. Jh.) sowie die Epitaphien der Roermonder Bischöfe zu beachten.

Beim Stadtbummel entdeckt man in Hausnischen jene Brunnenheilige, die früher oberhalb der Wasserpumpe aufgestellt wurden und denen man noch heute als Zeichen der Verehrung frische Blumen schenkt.

Fotogen schlängelt sich die *Roer* durch das mit hohen Pappeln gesäumte Tal zum rund 4,5 km südlich gelegenen Dorf **Sint Odilienberg.** Vom ehemaligen Stift, in das sich die Utrechter Bischöfe vor den Normannen flüchteten, steht nur noch die * *spätromanische Kirche.*

Von den Wassersportmöglichkeiten zwischen **Ohéen Laak** und **Asselt** profitiert auch ** **Thorn** (2600 Einw.) auf der anderen Seite der Maas. So bieten sich nicht nur das Städtchen selbst, sondern auch die Landschaft ringsherum zu einem längeren Aufenthalt an. Die Wege zwischen Pappelwäldchen verlocken zu Fahrradtouren; auf den Wiesen marschieren Kopfweiden in Reih und Glied auf. Richtig gemütlich ist das winzige Städtchen mit den kleinen weißen Häusern an Gassen mit Knubbelpflaster, die Thorn den Beinamen „die weiße Stadt" eingebracht haben. Aus der Vergangenheit gibt es pikante Histörchen zu erzählen. Ein Kloster befand sich einst hier, eine souveräne Abtei des „Heiligen Römischen Reiches Deutscher Nation". Die Töchter europäischer Fürsten brachten sich selbst und ihre Mitgift ein, lebten in Thorn frei von klösterlichen Zwängen und betrachteten die fromme Einrichtung als eine Art Heiratsinstitut.

🛈 VVV, Hofstraat 10, NL-6017 AK Thorn, ☎ 2761.

Ⓗ **Hostellerie La Ville Blanche,** Hoogstraat 2, NL-6017 AR Thorn, ☎ 2341, gemütlich mit Terrassencafé und einem guten Restaurant. Ⓢ

Von besonderem Charme ist * **Stevensweert,** das im 17. Jh. zu einer sternförmigen Festung umgebaut wurde. Kiesel aus der Maas bedecken den Marktplatz; eine weiße Kirche und bescheidene weiße Häuschen umstehen ihn.

Sittard (36000 Einw.). Im grenznahen Festungs- und späteren Handelsstädtchen konnten erste Siedlungsspuren bis zu den Bandkeramikern zurückverfolgt werden. Am Kerkplein steht die alles überragende spätgotische *St. Petruskerk.* Die Wangen des ** Chorgestühls (15. Jh.) weisen einen überreichen Figurenschmuck auf. Diese Schnitzarbeiten zählen zu den bedeutenden Kostbarkeiten der Region. Durch die pittoresken Gassen lohnt sich ein geruhsamer Bummel zu den Stadtwällen.

In **Geleen** verdient die *St. Jansklause* einige Aufmerksamkeit. Immerhin war sie noch 1912 die Behausung eines Eremiten.

Die größte Wasserburg (14. Jh.) zwischen Rhein und Maas ist mit * **Hoensbroek** erreicht. Es folgt **Ubach over Worms,** typisches Beispiel einer limburgischen Bergarbeitersiedlung. Charakteristisch für die Gegend sind übrigens die behäbigen alten Höfe.

Heerlen (95000 Einw.) ist eine alte Bergarbeiterstadt, die den Wechsel nach Schließung der Limburger Kohlengruben gut bewältigt hat. Außerhalb des pulsierenden Zentrums liegen Antike und Moderne dicht beieinander. Das ehemals römische *Coriovallum* besitzt mit den überdachten ** Thermen (50 v. Chr.) ein für die Niederlande einzigartiges Museum (Coriovallumstraat 9, 🕓 Di–Fr 10–17 Uhr, Sa, So 14 bis 17 Uhr).

Direkt nebenan auf der anderen Straßenseite steht das moderne Rathaus mit der * *Städtischen Galerie,* Raadhuisplein 1, (🕓 Di–Fr 11–17 Uhr, Sa, So nach Vereinbarung, ☎ 604449).

🛈 VVV, Honigmanstraat 100, NL-6411 LM Heerlen, ☎ 716200.
Ⓗ **De La Station,** Stationsstraat 16, ☎ 719063. Bekannt für sein reichhaltiges Frühstück. Ⓢ

* **Valkenburg** (18000 Einw.). Das romantische Städtchen hat manchmal Mühe, nicht vom Tourismus erstickt zu werden. Fremdenverkehr und Valkenburg – das gehört seit dem Bau des Bahnhofs an der Eisenbahnlinie Maastricht – Aachen (1853) zusammen. In Valkenburg wurde bereits 1885 das erste Fremdenverkehrsbüro der Niederlande eröffnet. Und doch gibt es einiges, das eine Unterbrechung der Route rechtfertigt.

Oben auf dem Fels thronen die auch nach ihrer Zerstörung noch immer imposanten Reste der *Burg* der Herren von Valkenberg. Als Baubeginn wird das 12. Jh. angegeben. Sehenswert sind ebenfalls die *Katakomben* (Romeinse Catacomben, Plenkertstraat 55), ein Nachbau der frühchristlichen Begräbnisstätten in Rom.

ⓘ VVV, Dorrenplein 5, NL-6301 DV Valkenburg, ☏ 13364.

Prinses Juliana, Broekhem 11, ☏ 12244 . Bestes Hotel am Platz; die Fischsuppe nach Art des Hauses ist berühmt. ($$)

Im äußersten Südosten des Landes liegt im sog. Dreiländereck (hier stoßen die Grenzen der Niederlande, Belgiens und Deutschlands aufeinander) **Vaals.** Nicht unweit von dem mittelgroßen Ort (11000 Einw.) erhebt sich mit seinen 321 Metern der höchste Berg der Niederlande. Der Blick von der Anhöhe reicht bei klarer Sicht über die Ausläufer der Ardennen und der Eifel.

Kaum jemand erinnert sich noch daran, daß diese Ecke, umgeben von freien Reichsgebieten, Hugenotten und Calvinisten auf ihrer Flucht Schutz bot.

** **Maastricht.** Die Hauptstadt Limburgs (s. S. 29) zu beiden Seiten der Maas wirkt mit ihren Plätzen und vielen Kirchen sehr südländisch. Man gibt sich hier lockerer, lebenslustiger als anderswo in diesem Land.

Blick auf Valkenburg von der Burg aus.

Gerard III. van Gelre und seine Frau Margarete von Burgund.

Für jeden Geschmack etwas

Die Watteninseln

Alljährlich scheiden sich während der Sommermonate in Harlingen am Pier die Geister: Die vielen lärmenden jungen Leute mit laut aufheulenden Motorrädern nehmen garantiert die Fähre nach Terschelling. Die etwas älteren Urlauber mit Fotoapparat und Fernglas dürften sich für die Ruhe und die Beobachtung von Flora und Fauna auf Vlieland entschieden haben.

Neben den unbewohnten Watteninseln Ruttumeroog und Ruttumerplaat gibt es die fünf bewohnten: Texel sieht sich von Frühling bis Herbst und dann noch einmal in den Weihnachtsferien dem Ansturm vor allem deutscher Urlauber kaum gewachsen. Vlieland ist landschaftlich reizvoll, hat aber den Nachteil, militärisches Übungsgelände für Tiefflüge zu sein. Terschelling lockt mit landschaftlicher Vielfalt, ist ein bevorzugtes Sommerziel für Jugendliche, die sich gerne einmal austoben wollen. Ameland mit seinen endlos langen Stränden ist Familieninsel, und Schiermonnikoog verspricht Ruhe am breitesten Sandstrand Europas.

Das Klima der Inseln ist milder als auf dem Festland. Durchschnittlich fängt der Frühling auf den Inseln 14 Tage später als sonst üblich an, der Herbst ist in der Regel dafür länger und milder.

Wassersport, Radfahren und Erholung am Strand wird auf allen Inseln groß geschrieben. Auf Terschelling, Texel und Ameland wird das Auto geduldet, nicht aber auf Vlieland und Schiermonnikoog. Auf den niederländischen Watteninseln wird keine Kurtaxe verlangt.

Texel

Die größte und landschaftlich abwechslungsreichste der Watteninseln gehört zur Provinz Noord-Holland. Außer Sommer und Herbst ist der Mai als Urlaubsmonat zu empfehlen. Blühende Blumenfelder und die vielen neugeborenen Lämmer machen den Reiz einer Reise zu dieser Jahreszeit aus.

Die 13 000 Insulaner leben vom Tourismus. Eine weitere Einnahmequelle bilden immer noch Landwirtschaft, Fischerei und die Schafzucht. Typisch für die leicht hügelige Insel mit dem 25 km langen Sandstrand sind die spitzgiebeligen und mit Ried gedeckten Gülfhäuser.

Den Burg ist das größte Dorf; *De Koog* erwacht nur im Sommer zum Leben. Zu den beliebtesten Ausflugszielen zählt *EcoMare,* das Pflegezentrum der durch Umwelteinflüsse geschädigten Seehunde. Nicht ohne Grund wurde der größte Teil der Insel zum Landschaftsschutzgebiet erklärt, denn exakt 306 Vogelarten nisten auf Texel in kleinen Seen, die nach Deicheinbrüchen entstanden sind und als *weelen* bezeichnet werden.

Trotz der vielen Touristen gibt es auf der Insel noch echte Idyllen, die am besten mit dem Fahrrad zu erkunden sind. Zwei Ziele sind die beiden wirklich alten Dörfer **Oostereend** und **Oudeschild** im Nordwesten der Insel gelegen.

ⓘ VVV, NL-1791 AV Den Burg, Texel Emmalaan 66, ☏ 0031/ 2220/147 41, FAX 100 54.
⛴ Den Helder-Texel,
☏ 0031/2220 oder 69691 und 69690.

Ⓗ **Opduin,** Ruyslaan 22, NL-1796 AD De Koog-Texel, ☏ 02220/17445. Ruhiges Hotel mit allem erdenklichen Komfort, Strandnähe. ($$)
Prins Hendrik, Stuifweg 13, NL-1794 HA Oosterend-Texel, ☏ 02220/18801. Gemütliches Hotel in einem umgebauten Bauernhof. ($)

Vlieland

Das kleine Vlieland, nördlich von Texel, 20 km lang und ca. 2 km breit, gehört schon zur Provinz Friesland. Ein Ferienziel, das trotz der rund 8000 Urlauber pro Saison die Chance zu geruhsamen Ferien verspricht.

Fahrradwege durchziehen die abwechslungsreiche Dünenlandschaft, in der die beiden Vogelschutzgebiete *Nieuwe Endenkooi* und *Oude Endenkooi* liegen. (Zur Brutzeit, 15. März bis 15. August, ist das Gebiet für Besucher gesperrt.)

Oost-Vlieland ist der einzige Ort der Insel und nicht mehr als ein etwas aus den Fugen geratenes altes Fischerdorf. Um die Dorpstraat stehen einige schöne Giebelhäuser (17. Jh.). Hauptanziehungspunkt der Sommergäste ist der rund 12 km lange Sandstrand an der Westseite der Insel.

ⓘ VVV, NL-8899 ZN Vlieland, Havenweg 10, ☎ 0 56 21/11 11, Fax 13 61, 🕒 Mo–Fr 9–17 Uhr, Sa/So bei Bootsankunft.
⛴ Die Fähre legt fünfmal tgl. von Harlingen ab.
Bewachter Parkplatz in Harlingen:
Rederij Doeksen: ☎ 0 56 20/21 41 und 29 69.
Ⓗ **Seeduyn,** Badweg 6, ☎ 0 56 21/11 15. Komforthotel. $$
Strandhotel Vlieland, Badweg, ☎ 0 56 21/13 34. Alle Zimmer mit Blick aufs Meer. $

Im kleinen Hafen der Watteninsel Texel dümpelt die Fischereiflotte.

Terschelling

Die Insel ist 30 km lang und max. 4,5 km breit. Die rund 4 500 Einw. verteilen sich auf sechs Ortschaften, wovon *Terschelling* die größte ist.

Hauptattraktion für sonnenhungrige Sommerurlauber ist der 30km lange und rund 1km breite Sandstrand. Das durchwegs jugendliche Publikum findet auf jeden Fall bei jedem Wetter in *West-Terschelling* und *Midsland* ein große Auswahl von Bars, Diskos, aber auch Cafés und Restaurants für diverse ausgedehnte Nachtausflüge. Wer die Stille sucht, kann sich bei Wanderungen an der einzigartigen Vielfalt an Wildpflanzen erfreuen, ein Umstand, der 1970 der Insel die Ernennung zum Europäischen Naturschutzgebiet bescherte. Wanderungen durch *DeBoschplaat* und *DeNoordsvaarder* sowie ein Besuch des größten *Nordseeaquariums* in West-Terschelling gehören ins Urlaubsprogramm.

Historisch belegt ist, daß die Insel schon im 13.Jh. von einigen Menschen bewohnt wurde. Im 16. und 17.Jh. gewann die Insel durch den Handel mit den Städten an der Zuiderzee und die Walfischjagd an Bedeutung. Vom damaligen Reichtum zeugen die Fassaden der Kapitänshäuser in *West-Terschelling* und *Midsland*. Nach der langen Zeit der Armut ist heute der Tourismus die wichtigste Einnahmequelle.

Zu den Sehenswürdigkeiten der Insel gehören das Heimatmuseum Het *Behouden Huis* im Hauptort. Neben schmucken Trachten wird über den Walfischfang und das Lotsenwesen informiert.

ⓘ VVV, NL-8880 AA West-Terschelling, Willem Barentzkade 19a, ☎ 05620/3000, FAX 056202875, Mo–Fr 9–17 und Sa bis 13 Uhr.
Fähre: Harlingen-Terschelling: Mo–Fr dreimal tgl. PKW-Reservierung erforderlich. ☎ 05620/2770 oder 6111, ☎ (Schnelldienst) 05620/3220.

Ⓗ **Hotel Nap,** Torenstraat, West-Terschelling, ☎ 05620/3210, Traditionshotel mit guter Küche. Auf der Speisekarte stehen landestypische Spezialitäten. ($)
Hotel-Restaurant Sturmvogel, Baaiduinen, ☎ 05620/8797, nette Pension in einem umgebauten Bauernhof fernab des Trubels. Die richtige Adresse für entspannte Tage. ($)
Ⓡ **De Grie,** Hoofdstraat 43, Oosterend, ☎ 05620/8499. Spitzenrestaurant. ($))

Ameland

Dünen, Wald, ein langer Sandstrand und die ungeheuer große Artenvielfalt an Vögeln sind die Besonderheiten dieser 27km langen und 1,7 bis 3,8km breiten und somit drittgrößten Watteninsel. Die rund 3000 Einwohner verteilen sich auf den Hauptort *Nes* (1000 Einw.) und die Dörfer *Hollum, Ballum* und *Buren*. Im 17. und 18.Jh. lebte die Bevölkerung vom Walfischfang. Äußere Zeichen des damaligen Wohlstands sind die *Kommandeurshäuser*. Beispiele dieser prächtigen Kapitänshäuser gibt es noch in Nes und Hollum.

Das Heimatmuseum von *Hollum* ist in einem solchen Kapitänshaus eingerichtet. Zu den weiteren Sehenswürdigkeiten gehört das Naturschutzgebiet *Het Oerd* und *De Hon* im östlichen Teil der Insel. In dieser vollkommen unberührten Dünenlandschaft brüten ca. 50 verschiedene Vogelarten (während der Brutzeit 15. April bis 15. August sind einige Teile des Gebietes geschlossen).

ⓘ VVV, NL-9163 ZL Nes, Rixt van Doniaweg 2, ☎ 05191/42020, FAX 42932. Mo–Fr 8.30–12.30 und 13.30–18.30 Uhr, Sa 8.30–16 Uhr.
Fähre: Die Fähre verkehrt mehrmals tgl. von Holwerd nach Ameland, Reservierung ☎ 05191/42001 und 46111.

Ⓗ **Hofker,** Hofkerweg 1, Nes, ☎ 05191/42002. Bestes Hotel am Platz. ($)
Resort d'Amelander Kaap, Oosterhiemweg 1, Hollum, vereinigt unter einem Dach luxuriösen Appartementkomplex mit komfortablem Hotel. ($)
Ⓡ **De Klimop,** Hofkerweg 2, Nes, ☎ 05191/42296. Uriges Lokal mit gutbürgerlicher Küche. ($)

Schiermonnikoog

Als winziger grüner Tupfer liegt die letzte und kleinste der bewohnten Watteninseln, *lytje pole,* vor der Küste Groningens und Frieslands. 925 Menschen leben ständig auf dem 14km langen und 4km breiten Eiland, das zum Naturschutzgebiet erklärt wurde und Einsamkeit pur verspricht, auch wenn sie alljährlich von 300000 – überwiegend – Tagesausflüglern aufgesucht wird. Ruhe und Erholung ist dennoch die Devise dieser Insel, deren Bettenkapazität auf 5500 beschränkt wurde. Abwechslung bieten Spaziergänge am Meer, Radtouren über die autofreien Wege durch das Naturschutzgebiet und Vogelreservat *Kobbeduinen.* Bei klarem Wetter reicht der Blick weit über das Meer und das nahe Festland. Die Insel hat den Ruf, hoch im Kurs als Urlaubsziel einheimischer Intellektueller zu sein. Von 1878 bis zum Ende des Zweiten Weltkriegs war sie in deutschem Besitz. Im 16.Jh. fiel Schiermonnikoog als Domäne an Friesland, wurde dann ein Jahrhundert später erneut verkauft, bevor sie gegen Ende des letzten Jahrhunderts in den Besitz der deutschen Grafen Bernstorff wechselte. Nach der Befreiung durch die Alliierten mußt der letzte dort lebende Sproß seiner Familie „seine“ Insel verlassen, bevor sie an den niederländischen Staat zurückgeben wurde und durfte sie nicht mehr betreten.

Alle Watteninseln sind ein Paradies für Radfahrer.

🛈 VVV NL–9166 ZP Schiermonnikoog, Reeweg 5. ☏ 05195/31900, FAX 31325, 🕓 Mo–Sa 9–13 und 14.30 bis 18.30 Uhr.

⛴ Die Fähre verkehrt ab Lauwersoog von Mo bis Sa im Zwei-Stunden-Takt. ☏ 05193/49050. Taxi-Ruf ☏ 31400.

Ⓗ **Van der Werff,** Reeweg 2, ☏ 05195/31203, mit knapp 100 Betten das älteste und immer noch das gefragteste Haus am Platz. Ⓢ

Reetgedecktes Haus auf Ameland.

Praktische Hinweise von A–Z

Ärztliche Versorgung

Zwischen den Niederlanden und der Bundesrepublik besteht ein Sozialversicherungsabkommen, d.h. theoretisch ist Versicherungsschutz durch den Schein E111 gewährleistet. Wird er jedoch nicht akzeptiert, so muß man sofort bezahlen und erhält gegen Quittung die Kosten von seiner Kasse in der Regel erstattet.

Ein ähnliches Abkommen besteht auch mit Österreich. Sinnvolle Ergänzung bietet eine private Reisekrankenversicherung.

Apotheken: ⏲ Mo–Fr 9–17 Uhr, Notdienste.

Diplomatische Vertretungen

Deutschland
Botschaft: Den Haag, Groot Hertoginelaan 18-20, ☏ 34206.
Konsulate: Amsterdam, De Lairessestraat 172, ☏ 6736245; Rotterdam, Parklaan 36, ☏ 4365133.

Österreich
Botschaft: Den Haag, Van Alkemadelaan 342, ☏ 3245470.
Konsulat: Amsterdam, Weteringschans 106, ☏ 6268033.

Schweiz
Botschaft: Den Haag, Lange Voorhout 42, ☏ 3642831.
Konsulat: Amsterdam, Johannes Vermeerstraat 16, ☏ 6644231.

Drogenpolitik

Noch sind die Niederlande das einzige Land der Erde, das den privaten Konsum von weichen Drogen toleriert. In den schätzungsweise 1500 Coffieshops können unter staatlicher Aufsicht diese Drogen in kleinen Mengen gekauft werden. Der jährliche Umsatz wird mit rund 600 Mio. Mark angegeben. Die Zahl der Coffieshops in Amsterdam wird auf rund 350 geschätzt. Ausländer müssen nach Auskunft des Justizministeriums damit rechnen, kontrolliert zu werden. Auf die Ein- und Ausfuhr von Opiaten steht eine Gefängnisstrafe von bis zu zwölf Jahren, auf den Besitz und den Verkauf von weniger als 30 Gramm weicher Drogen ein Monat Gefängnis oder 4500 Mark Geldstrafe. Gesetzlich ist der Verkauf jeglicher Rauschgifte, auch von Haschisch und Marihuana, nach wie vor verboten, doch wird von der Regierung eine Art Duldungspolitik praktiziert.

Feiertage und Feste

Offizielle Feiertage sind: 1. Januar (Neujahr), Oster- und Pfingstmontag, 30. April (Königinnentag), 5. Mai (Befreiungstag), 1. und 2. Weihnachtstag. Gedenktage, die aber keine Feiertage sind: 25. Februar (Gedenkfeier an den Widerstand gegen die deutsche Besatzung; an diesem Tag gab es 1941 den ersten und einzigen Streik gegen die Judenvernichtungspolitik durch die Nazis). 4. Mai (Dodenherdenking). An diesem Tag werden die Toten während der Besatzung geehrt.

Fernsehen

Mehr als zwei Dutzend Fernsehsender können empfangen werden, u.a. auch die deutschen Programme von ARD, ZDF, WDR 3, RTL, Deutsche Welle.

Der überwiegende Teil der niederländischen Haushalte ist verkabelt.

Geld

Der niederländische Gulden (NLG, hfl oder Dfl. nach der alten Bezeichnung Florin). Ein Gulden ist unterteilt in 100 Cents. 1 Gulden entspricht etwa 0,90 DM. Im Umlauf sind Banknoten von

10, 25, 50, 100, 250 und 1000 Gulden sowie Münzen von fünf Cent (Stuiver), zehn Cent (Dubbeltje), 25 Cent (Kwartje), einem Gulden, 2,50 Gulden (Rijksdaalder) und fünf Gulden. In den zahlreichen Wechselstuben mit Bezeichnungen wie „chequepoint" oder „changestuben" kann zwar rund um die Uhr Geld getauscht werden, jedoch schlägt die Provision meist mit über 10% zu Buche. Seriös wird man in den Banken bedient (Mo–Fr 9–16 Uhr) oder aber bei den *Grenswechselstuben* (GWK), deren Filialen im Hauptbahnhof größerer Orte einen 24-Stunden-Service anbieten.

Grenzpapiere

Reisende aus Deutschland, Österreich und der Schweiz müssen sich ausweisen. Anerkannt werden Reisepaß, Personalausweis und Führerschein. Seit dem 1. Juni 1994 besteht wieder die sog. Identifikationspflicht.

Haustiere

Hund und Katze benötigen ein amtstierärztliches Tollwutimpf- und Gesundheitszeugnis. Die Impfung darf nicht länger als drei Monate und kürzer als 30 Tage zurückliegen.

Information

Deutschland
Niederländisches Büro für Tourismus (NBT), Hohenzollernring 38–49, Postfach 270580, D-50667 Köln, ☎ 2570383.

Österreich
NBT, Kupferschmiedgasse 2, A-1010 Wien, ☎ 1/5123525 oder 5121604.

Schweiz
NBT, Rautistraße 12, CH-8047 Zürich, ☎ 1/4052224, FAX 4052201.

Verkehrsbüros VVV
Fast jeder Ort von touristischer Bedeutung hat seinen Fremdenverkehrsverein. Die Büros sind leicht an den drei blauen VVV auf weißem Grund zu erkennen. Angeboten werden touristische Informationen, Hotelreservierungen (s. S. 18) und Eintrittskarten zu allen kulturellen Veranstaltungen. Alle Reservierungen kosten eine Gebühr.

🕓 Mo–Sa 9–17 Uhr, in größeren Orten und während der Saison auch Sonntag.

Kriminalität

Grundsätzlich sollten aus geparkten Autos sämtliche Wertgegenstände herausgenommen werden. In Großstädten wird vor Taschendieben, Straßenräubern und Drogenhändlern gewarnt. Überall dort, wo verstärkt Touristen auftreten, wird professionell gestohlen. An solchen Punkten warnen sehr oft gelbe Transparente vor Taschendieben (Let op zakkenrollers!).

Netzspannung

220 Volt Wechselstrom.

Museen

Wer beabsichtigt, mehrere Museen im Land zu besuchen, sollte sich die preisgünstige *Museumsjaarkaart* besorgen. Sie ist ein Jahr gültig und berechtigt zum Eintritt in rund 400 der knapp 1000 Museen im ganzen Land.

Zu bekommen ist sie bei jedem VVV, in den Museen oder per schriftlicher Vorbestellung: Stichting Museumjaarkaart, Groenhazengracht 2c, NL-2311 VT Leiden, ☎ 133265. Paßfoto nicht vergessen.

Notfälle

Landesweiter Notruf: 06-11
Unfall: ☎ 5555555/ 6222222
Amoc: ☎ 020/6229523 (Mo–Fr 12 bis 17 Uhr), hilft deutschen Drogenkranken weiter.

Öffnungszeiten

Banken: Mo–Fr 9–16 Uhr, größere Bankfilialen in den Großstädten bis 17 Uhr.
Geschäfte: 8.30/9.00 Uhr bis 18.00/18.30 Uhr, Sa bis 16/17 Uhr und

Mo ab 13 Uhr. Do oder Fr ist Verkaufsabend bis 21 Uhr.
Museen: keine festen Zeiten, allgemein gilt Di–Sa 10–17 Uhr geöffnet, So 11 bis 17 Uhr, Mo meist geschlossen.
Post: Mo–Fr 8.30–17 Uhr, Sa bis 12 Uhr.

Öffentliche Verkehrsmittel

Die wichtigsten Verkehrsmittel sind Straßenbahnen (Tram) und Busse. Amsterdam und Rotterdam haben eine Metrolinie. Einzelfahrscheine kosten zur Zeit 3hfl, preiswerter sind die übertragbaren *strippenkaarten* zu 11hfl und 32hfl. Es gibt auch Tages- oder Mehrtageskarten. Erhältlich sind die Fahrausweise bei Zeitungs- und Tabakhändlern, beim VVV und bei den Fahrkartenschaltern der Bahn.

ℹ ☎ 06-9292.

Parken/Parkhäuser

Alle Parkplätze in den Innenstädten sind gebührenpflichtig, den Berechtigungsschein zieht man aus einem gelben Parkautomaten. Eine Stunde kostet 4-5 hfl (Ein-Gulden Münzen), auch am Samstag! Das Bußgeld für eine Radklemme (wielklem) kostet mindestens 170 hfl. Löst man sein Auto nicht sofort ein, so steigen die Strafgebühren auf 250 hfl. Wenn das Auto abgeschleppt wird, summiert sich die Strafe auf mehrere hundert Gulden. Alle Bußgelder sind sofort zahlbar. Kreditkarten und Schecks werden akzeptiert.

Post und Telefon (PTT)

Postämter sind mit der grünen Aufschrift PTT (Post-Telegraaf-Telefoon) gekennzeichnet. In Bahnhöfen gibt es keine Post! Annahmestellen für Fax und Telegramme sind in den Großstädten rund um die Uhr geöffnet.

PTT Telehouse:
Amsterdam, Raadhuisstraat 46-50.
Rotterdam, Coolsingel 42.

Postgebühren
Brief: 90 Cent. Postkarte: 70 Cent.
Die Gebühren gelten für ganz Europa.

Taxi

Taxifahren ist teuer. Standplätze: am Bahnhof und vor größeren Hotels. Es ist unüblich, das Taxi auf der Straße anzuhalten.

Telefon

Vorwahl
Deutschland: 00-49
Österreich: 00-43
Schweiz: 00-41
Inlands-Auskunft: 06-8008
Internationale Auskunft: 06-0418

Die *Telecard* gibt es an Zeitungskiosken und bei den Postämtern. Auf dem Markt sind Telefonkarten, die sowohl in den Niederlanden als auch in Deutschland gelten, erhältlich. Mitte des Jahres 1995 wird jeder Telefonanschluß auf eine zehnstellige Nummer umgestellt sein. Bis Ende März 1996 sollen jedoch noch die alten Nummern gelten.

Zeitungen/Bücher

Die größten Zeitungen des Landes sind „De Telegraaf“ und „Algemeen Dagblad“. So gut wie alle überregionalen deutschen Zeitungen sind zu bekommen. Im Sommer wird das Angebot durch Zeitungen aus Nordrhein-Westfalen ergänzt.

Zollbestimmungen

Seit der Öffnung der Grenzen innerhalb des gemeinsamen Marktes müssen Reisende aus Ländern der Europäischen Union bei Waren für den persönlichen Bedarf grundsätzlich keine Einfuhrbestimmungen mehr berücksichtigen. Für den privaten Gebrauch dürfen somit 800 Zigaretten und 10 l Spirituosen pro Person ab 15 bzw. 17 Jahren mitgenommen werden.

Schweiz
Waren bis zum Gesamtwert von 200 sfr, zusätzlich 200 Zigaretten oder 50 Zigarren oder 250 g Tabak, 1 l Spiritousen über und 2 l unter 15° und 2 l Wein sind zollfrei.

Register

Sachregister

Personenregister

Bildnachweis

Alle Fotos APA Publications/Bill Wassmann außer Archive für Kunst und Geschichte: 13/1-2, 15. E. Boesten: 7, 29, 69/3, 91/3. R. Hackenberg: 9/3, 25/2-3. V. Janicke: 35/1. G. Jung: 23/2, 31, 37/1, 67/1. I. Knigge: 57/1. D. Kruse: 47/2, 69/2-3. U. Müller-Moewes: 9/1, 17/3, 39/2, 43/2, 57/2, 67/2, 71/2-3, 77, 89/2-3. Niederländisches Büro für Tourismus (NBT): 11, 41/1, 65/1, 79, 91/2. NBT/J. vd. Beer: 89/1. NBT/Botterrace: 65/3. NBT/J. Breuth: 75/4. NBT/de Issel: 9/3. NBT/J.+T.: 41/3. NBT/T. Kampa: 17/1. NBT/M. Kers: 47/1, 49/1. NBT/H. vd. Leeden: 39/4. NBT/Luider: 17/3. L. P. Ramm: 1, 39/1, 65/2, 73/1, 75/1, 83. Umschlag: ZEFA/D.F. Peterson (Bild), Bernd Ducke/Superbild (Flagge).